Wirklichkeit der Seele

C.G. Jung

Wirklichkeit der Seele

Die Psychologie des menschlichen Geistes

Herausgegeben von Lorenz Jung

EDITION C.G. JUNG

MIX
Papier | Fördert gute Waldnutzung
FSC® C014496

Die Verlagsgruppe Patmos ist sich ihrer Verantwortung gegenüber unserer Umwelt bewusst. Wir folgen dem Prinzip der Nachhaltigkeit und streben den Einklang von wirtschaftlicher Entwicklung, sozialer Sicherheit und Erhaltung unserer natürlichen Lebensgrundlagen an. Näheres zur Nachhaltigkeitsstrategie der Verlagsgruppe Patmos auf unserer Website www.verlagsgruppe-patmos.de/nachhaltig-gut-leben
Übereinstimmend mit der EU-Verordnung zur allgemeinen Produktsicherheit (GPSR) stellen wir sicher, dass unsere Produkte die Sicherheitsstandards erfüllen. Näheres dazu auf unserer Website www.verlagsgruppe-patmos.de/produktsicherheit. Bei Fragen zur Produktsicherheit wenden Sie sich bitte an produktsicherheit@verlagsgruppe-patmos.de

Bibliografische Information der Deutschen Nationalbibliothek
Die Deutsche Nationalbibliothek verzeichnet diese Publikation in der Deutschen Nationalbibliografie; detaillierte bibliografische Daten sind im Internet über http://dnb.d-nb.de abrufbar.

2. Auflage 2025

Verlagsgruppe Patmos in der Schwabenverlag AG, Senefelderstr. 12, 73760 Ostfildern
www.patmos.de
Dieser Band erschien erstmals 1990 im Deutschen Taschenbuch Verlag, München, als Band 7 der elfbändigen, von Lorenz Jung herausgegebenen Taschenbuchausgabe mit ausgewählten Schriften aus den Gesammelten Werken (GW 1–20) von C.G. Jung.
Die Texte wurden auf die reformierte neue deutsche Rechtschreibung umgestellt.

Umschlaggestaltung: Finken & Bumiller, Stuttgart
Umschlagabbildung: Patientenbild von C.G. Jung, ohne Titel, undatiert, Aquarell auf Papier, 20 × 14 cm, Bildarchiv C.G. Jung-Institut Zürich, Küsnacht, 006 AFAI.
© C.G. Jung-Institut Zürich, Küsnacht. Foto: Ulrich Peters.
Satz: Schwabenverlag AG, Ostfildern
Druck: GGP Media GmbH, Pößneck
Hergestellt in Deutschland
ISBN 978-3-8436-1373-6

EDITION C.G. JUNG im Patmos Verlag

Inhalt

Vorwort

Die hier vorliegenden Beiträge betreffen einerseits die philosophische Problematik der neueren Psychologie, andererseits ihre Anwendungen besonders im Gebiet der Psychologie der Kunst. Da auch dieses Mal meine Aufsätze als Antworten auf Fragen aus dem Publikum entstanden sind,[1] darf ihre ungewöhnliche Diversität wohl als ein Anzeichen dafür gewertet werden, dass sich ebenso viele verschiedene Geistesgebiete durch die neueren psychologischen Gesichtspunkte berührt gefühlt haben. Es ist wahr, dass nicht nur Fachärzte und Erzieher, sondern auch Schriftsteller und gebildete Laien und – last not least – sogar Verleger sich für psychologische Dinge interessieren.

Diese in die verschiedensten Lebens- und Geistesgebiete ausstrahlende Vielseitigkeit der Komplexen Psychologie ist ihrerseits wieder ein, allerdings noch sehr vereinfachtes, Abbild der unermesslichen Mannigfaltigkeit und schillernden Unbestimmtheit der seelischen Erscheinung überhaupt. Obschon man es sich nicht kann träumen lassen, das Geheimnis der Seele je auszuschöpfen, so scheint es mir doch zu den vornehmsten Aufgaben des menschlichen Geistes zu gehören, unermüdlich um eine stets sich vertiefende Erkenntnis des seelischen Wesens sich zu bemühen. Denn das größte und zugleich uns allernächste Welträtsel ist der Mensch selber.

Küsnacht-Zürich, im September 1933
C. G. Jung

---

1 Vgl. Vorworte zu Seelenprobleme der Gegenwart, GW 18/II §§ 1292–1295.

Das Grundproblem der gegenwärtigen Psychologie (1931)

Nachdem das Mittelalter sowohl wie die Antike, ja sogar die ganze Menschheit seit ihren ersten Anfängen von der Überzeugung einer substanziellen Seele ausgegangen war, entstand in der zweiten Hälfte des 19. Jahrhunderts eine Psychologie »ohne Seele«. Unter dem Einfluss des wissenschaftlichen Materialismus wurde alles, was nicht mit Augen gesehen und mit Händen getastet werden konnte, zweifelhaft, ja mehr noch, anrüchig, weil metaphysikverdächtig. Als »wissenschaftlich« und damit als überhaupt zulässig galt nur das, was entweder als materiell erkannt oder aus sinnlich wahrnehmbaren Ursachen abgeleitet werden konnte. Dieser Umschwung hatte sich langer Hand vorbereitet, er begann nicht erst mit dem Materialismus. Als das jäh in die Höhe strebende gotische Zeitalter, das auf geographisch wie weltanschaulich eng begrenzter Basis sich erhob, mit der geistigen Katastrophe der Reformation sein Ende erreichte, da wurde auch die Vertikale des europäischen Geistes durchkreuzt von der Horizontale des modernen Bewusstseins. Das Bewusstsein wuchs nicht mehr in die Höhe, sondern in die Breite, geographisch sowohl wie weltanschaulich. Es war die Zeit der großen Reisen und der empirischen Erweiterung des Weltbegriffes. Der Glaube an die Substanzialität des Geistigen wich langsam der sich mehr und mehr aufdrängenden Überzeugung von der wesentlichen Substanzialität des Physischen, bis dann endlich – im Laufe von fast vier Jahrhunderten – das Spitzenbewusstsein des europäischen Denkers und Forschers den Geist in völliger Abhängigkeit von der Materie und von materiellen Ursachen sah.

Es wäre gewiss unrichtig zu sagen, dass die Philosophie oder die Naturwissenschaft diesen gänzlichen Umschwung verursacht hätten. Immer gab es genug Philosophen und genügend intelligente Naturwissenschaftler, welche aus höherer Einsicht und tieferem Denken diese irrationale Umkehrung des Standpunktes nicht ohne Protest mitmachten oder sich sogar dagegen stemmten, aber sie ermangelten der Popularität, und ihr Widerstand erwies sich gegenüber der irrationalen Woge der allgemeinen, gefühlsmäßigen Bevorzugung des Physischen als ohnmächtig. Man glaube ja nicht, dass dergleichen gewaltige Umstellungen der Weltanschauung aus rationalen Überlegungen hervorgingen, denn es gibt überhaupt keine rationale Überlegung, welche den Geist sowohl wie die Materie beweisen oder leugnen könnte. Beide Begriffe sind, wie heute jeder intelligente Mensch wissen könnte, nichts als Symbole, gesetzt für unbekannte Faktoren, deren Existenz aus Laune des individuellen Temperamentes oder des jeweiligen Zeitgeistes gefordert oder geleugnet wird. Nichts hindert die intellektuelle Spekulation, die Psyche für ein kompliziertes biochemisches Phänomen und damit, in letzter Linie, für ein Elektronenspiel zu halten, oder andererseits die Gesetzlosigkeit des Atominneren für ein geistiges Leben zu erklären.

Dass die Metaphysik des Geistes im 19. Jahrhundert durch eine Metaphysik der Materie ersetzt wurde, ist, intellektuell genommen, eine reine Gaukelei, psychologisch aber eine unerhörte Revolution der Weltanschauung. Alle Jenseitigkeit verkehrt sich in Diesseitigkeit, alle Begründung und alle Zwecksetzung, ja alle Sinngebung erfolgt nur noch in empirischen Grenzen – anscheinend, das heißt so scheint es dem naiven Verstand, wird alles unsichtbar Innere sichtbar Äußeres, und es gründet sich alle Geltung auf die sogenannte Tatsache.

Es ist geradezu hoffnungslos, diesen irrationalen Umschwung philosophisch behandeln zu wollen. Man mache diesen Versuch besser nicht, denn wenn heutzutage jemand das geistige oder seelische Phänomen aus Drüsenfunktionen ableitet, so kann er der Andacht und Hochachtung seines Publikums ohne Weiteres sicher sein; wenn aber jemand den Versuch machen sollte, den Atomzerfall der Gestirnsmaterie als eine Emanation des schöpferischen Weltgeistes zu erklären, so würde dasselbe Publikum ihn als geistige Abnormität bedauern. Und doch sind beide Erklärungen gleich logisch, gleich metaphysisch, gleich willkürlich und gleich symbolisch. Erkenntnistheoretisch ist es ebenso zulässig, den Menschen aus einem Tierstamm abzuleiten, wie die Tierstämme aus dem Menschen. Aber Dacqué ist, wie bekannt, seine Sünde gegen den Zeitgeist akademisch übel bekommen. Mit dem Zeitgeist ist nicht zu spaßen, denn er ist eine Religion, besser gesagt eine Konfession oder ein Credo, dessen Irrationalität gar nichts zu wünschen übrig lässt, das aber zugleich die unangenehme Eigenschaft besitzt, als absoluter Wertmaßstab aller Wahrheit gelten zu wollen, und den Anspruch erhebt, alle Vernünftigkeit auf seiner Seite zu haben.

Der Zeitgeist ist mit den Kategorien der menschlichen Vernunft nicht zu erfassen. Er ist ein »penchant«, eine gefühlsmäßige Neigung, die aus unbewussten Gründen mit übermächtiger Suggestion auf alle schwächeren Geister wirkt und sie mitreißt. Anders zu denken, als man heutzutage eben denkt, hat immer den Beigeschmack des Unrechtmäßigen und Störenden, ja es ist sogar etwas wie unanständig, krankhaft oder blasphemisch, darum für den Einzelnen sozial gefährlich. Er schwimmt unsinnigerweise gegen den Strom. Wie es früher selbstverständliche Voraussetzung war, dass alles, was ist, einstmals aus dem Schöpferwillen eines geistigen Gottes geboren wurde, so hat das 19. Jahrhundert die ebenso selbstverständliche Wahrheit entdeckt, dass alles aus materiellen Ursachen hervorgehe. Heute baut sich nicht die Seelenkraft einen Körper auf, sondern umgekehrt, der Stoff erzeugt aus seinem Chemismus eine Seele. Diese Umkehrung wäre zum Lachen, wenn sie nicht eine der großen Wahrheiten des Zeitgeistes wäre. Es ist populär, daher anständig, vernünftig, wissenschaftlich und normal, so zu denken. Der Geist soll als ein Epiphänomen des Stoffes gedacht werden. Auf diesen Schluss läuft alles hinaus, auch wenn man nicht gerade »Geist«, sondern »Psyche« sagt, und nicht gerade von »Stoff«, sondern von »Gehirn«, »Hormonen« oder von »Instinkten und Trieben« spricht. Der Seele eigene Substanz zu geben, ist dem Zeitgeist zuwider, denn das wäre Ketzerei.

Das haben wir jetzt entdeckt, dass es eine willkürliche intellektuelle Anmaßung unserer Voreltern war, anzunehmen, dass der Mensch eine substanzielle Seele habe, dass sie von göttlicher Natur und darum unsterblich sei, dass es eine eigene Seelenkraft gebe, die den Körper aufbaue, sein Leben unterhalte, seine Krankheiten heile und die Seele befähige, ein vom Körper unabhängiges Leben zu führen, dass es unkörperliche Geister gebe, mit denen die Seele verkehre, und eine geistige Welt jenseits unseres empirischen Diesseits, aus der der Seele eine Wissenschaft um geistige Dinge zukomme, deren Ursprünge in dieser sichtbaren Welt nicht aufgefunden werden können. Das allgemeine Bewusstsein hat aber noch nicht entdeckt, dass es genauso anmaßend und phantastisch ist, wenn wir annehmen, dass der Stoff natürlicherweise Seele erzeuge, dass Affen Menschen hervorbringen, dass aus dem harmonischen Zusammenklang von Hunger, Liebe und Macht Kants *»Kritik der reinen Vernunft«* entstanden sei, dass die Gehirnzellen Gedanken fabrizieren und dass all das doch gar nicht anders sein könne.

Wer ist denn dieser allmächtige Stoff eigentlich? Es ist wiederum ein Schöpfergott, der sich diesmal seines Anthropomorphismus begeben und dafür die Gestalt eines universalen Begriffes angenommen hat, von dem alle wähnen, sie wüssten, was er meint. Unser Allgemeinbewusstsein ist zwar ungeheuer in die Breite und Weite gewachsen, aber leider bloß räumlich und nicht auch zeitlich, sonst hätten wir ein viel lebendigeres historisches Gefühl. Wäre unser Allgemeinbewusstsein nicht bloß ephemer, sondern historisch, so wüssten wir um ähnliche Gottesverwandlungen zur Zeit der griechischen Philosophie, was uns zu einiger Kritik an unserer gegenwärtigen Philosophie veranlassen könnte. An diesem Nachdenken verhindert uns aber der Zeitgeist aufs

Wirksamste. Historie bedeutet ihm nur ein Arsenal passender Argumente, so dass man zum Beispiel sagen kann: Schon der alte Aristoteles wusste ... usw. Man muss sich angesichts dieser Sachlage wirklich fragen, woher der Zeitgeist diese unheimliche Macht beziehe. Er ist zweifellos ein psychisches Phänomen von größter Wichtigkeit, ein Präjudiz, das auf alle Fälle so wesentlich ist, dass wir an unser Problem der Seele gar nicht herangelangen können, bevor wir ihm nicht Genüge getan haben.

Wie ich vorhin schon erwähnte, entspricht die unwiderstehliche Neigung, vorzugsweise aus dem Physischen zu erklären, der horizontalen Bewusstseinsentwicklung der letzten vier Jahrhunderte. Die horizontale Tendenz ergibt sich als Reaktion auf die ausschließliche Vertikale des gotischen Zeitalters. Es ist eine völkerpsychologische Erscheinung, die als solche immer jenseits des individuellen Bewusstseins steht. Genau wie die Primitiven, handeln wir zunächst ganz unbewusst, um erst nach langer Zeit zu entdecken, warum wir so handeln. In der Zwischenzeit begnügen wir uns mit allerhand unzutreffenden Rationalisierungen.

Wären wir uns des Zeitgeistes bewusst, so wüssten wir, dass wir die Neigung haben, vorzugsweise aus Physischem zu erklären, weil man früher zu viel aus dem Geist erklärt hat. Dieses Wissen würde uns sofort kritisch stimmen in Bezug auf unser »penchant«. Wir würden uns sagen: höchstwahrscheinlich machen wir jetzt den umgekehrten und darum den gleichen Fehler. Wir überschätzen die materiellen Ursachen und meinen, jetzt erst hätte man die richtige Erklärung, weil wir uns einbilden, der Stoff sei uns bekannter als ein »metaphysischer« Geist. Der Stoff ist uns aber genauso unbekannt wie der Geist. Über die letzten Dinge wissen wir nichts. Erst mit dieser Einsicht kehren wir in den Gleichgewichtszustand zurück. Wir leugnen damit keineswegs die enge Verbindung des Seelischen mit der Physiologie des Gehirns, der Drüsen und des Körpers überhaupt, wir sind immer noch aufs Tiefste überzeugt von der Tatsache, dass unsere Bewusstseinsinhalte in hohem Maße durch unsere Sinneswahrnehmungen determiniert sind, wir können nicht leugnen, dass die unbewusste Heredität uns unveränderliche Charaktereigenschaften physischer sowohl wie seelischer Art aufprägt, und wir sind aufs Nachhaltigste beeindruckt von der Macht der Triebe, welche auch die geistigsten Inhalte hemmen oder fördern oder sonst wie modifizieren können. Ja, wir müssen es gestehen, dass die menschliche Seele, wo wir sie immer berühren, zuerst und vor allem ein getreues Abbild ist von allem, was wir stofflich, empirisch, diesseitig nennen, in Ursache, Zweck und Sinn. Und schließlich, vor lauter Anerkennungen, fragt man sich, ob die Seele nicht am Ende doch eine Erscheinung zweiter Ordnung, ein sogenanntes Epiphänomen, und gänzlich abhängig vom physischen Substrat sei. Unsere eigene praktische Vernünftigkeit und Diesseitigkeit sagt Ja dazu, und es ist nur unser Zweifel an der Allmacht des Stoffes, der uns veranlassen könnte, dieses wissenschaftliche Bild der Seele kritisch zu betrachten.

Man hat dieser Anschauung der Seele schon vorgeworfen, sie mache alles Seelische zu einer Art Drüsenabsonderung – Gedanken als Gehirnsekret – und das sei eben eine Psychologie ohne Seele. Die Seele in dieser Anschauung ist allerdings kein ens per se, kein an und für sich bestehendes Ding, sondern ein bloßer Ausdruck physischer Substratvorgänge. Dass diese Vorgänge die Eigenschaft des Bewusstseins haben, das sei eben schließlich so, und wenn dem nicht so wäre, so wäre von Psyche überhaupt nicht die Rede, weil dann überhaupt von nichts die Rede wäre, da diese nämlich dann gar nicht existierte. Also sei das Bewusstsein die conditio sine qua non des Psychischen, das heißt die Seele selber. Daher sind alle modernen »Psychologien ohne Seele« Bewusstseinspsychologien, in denen ein unbewusst Psychisches nicht existiert.

Es gibt nämlich nicht *eine* moderne Psychologie, sondern viele. Das ist sonderbar, weil es doch nur *eine* Mathematik, *eine* Geologie, *eine* Zoologie, *eine* Botanik usw. gibt. Es gibt aber so viele Psychologien, dass eine amerikanische Universität jährlich einen dicken Band publizieren kann, der sich betitelt »Psychologies of 1930« usw. Ich glaube, es gibt so viele Psychologien wie Philosophien. Es gibt nämlich auch nicht nur *eine* Philosophie, sondern viele. Ich erwähne diesen Umstand darum, weil zwischen Philosophie und Psychologie ein unauflösbarer Zusammenhang besteht, ein Zusammenhang, der durch die Verknüpftheit ihrer Gegenstände gewährleistet ist: das Objekt der Psychologie ist die Seele, das Objekt der Philosophie ist die Welt, kurz gesagt. Bis vor Kurzem noch war die Psychologie ein besonderer Teil der Philosophie, aber jetzt nähert sich, wie Nietzsche es vorausgesagt hat, ein Aufstieg der Psychologie, der die Philosophie zu verschlucken droht. Die innere Ähnlichkeit beider Disziplinen besteht darin, dass sie beide systematische Meinungsbildungen sind über Gegenstände, die sich einer völligen Erfahrung entziehen und deshalb vom empirischen Verstande auch nicht genügend erfasst werden können. Sie reizen daher den spekulativen Verstand zur Meinungsbildung, die nun auch in solchem Maße und in solcher Diversität erfolgt, dass es in der Philosophie sowohl wie in der Psychologie vieler dicker Bände bedarf, um alle verschiedenen Meinungen zu fassen. Beide Disziplinen können ohne einander nicht auskommen, und immer liefert die eine die unausgesprochene und meistens auch unbewusste Voraussetzung der anderen.

Die moderne Überzeugung vom Primat des Physischen führt in letzter Linie zu einer Psychologie ohne Seele, das heißt, das Psychische kann darin gar nichts anderes sein als ein biochemischer Effekt. Eine moderne, wissenschaftliche Psychologie, die vom Standpunkt des Geistes aus erklärt, gibt es überhaupt nicht. Niemand könnte es heutzutage wagen, eine wissenschaftliche Psychologie auf der Annahme einer selbstständigen, vom Körper unabhängigen Seele zu begründen. Die Idee eines Geistes an und für sich, eines in sich selbst beruhenden geistigen Weltsystems, das die notwendige Voraussetzung für die Existenz von autonomen Individualseelen wäre, ist bei uns wenigstens äußerst unpopulär. Ich muss allerdings beifügen, dass ich noch im Jahre 1914 bei einer sogenannten Joint Session der Aristotelian Society, der Mind Association und der British Psychological Society, einem Symposion im Bedford College in London angewohnt habe, dessen Fragestellung war: »Are individual minds contained in God or not?« Sind die Individualseelen in Gott einbegriffen oder nicht? Sollte jemand in England den wissenschaftlichen Charakter dieser Gesellschaften, welchen die »creme« der englischen Intelligenz angehört, bestreiten, so würde er wohl kein geneigtes Ohr finden. Tatsächlich war auch ich ungefähr der Einzige, der über diese Diskussion, welche Argumente des 13. Jahrhunderts erklingen ließ, erstaunt war. Dieser Fall mag Ihnen zeigen, dass die Idee eines autonomen Geistes, dessen Existenz als selbstverständlich vorausgesetzt wird, noch nicht überall in der europäischen Geisteswelt ausgestorben und zu einem mittelalterlichen Leitfossil geworden ist.

Die Erinnerung an diese Tatsache kann uns vielleicht Mut machen, die Möglichkeit einer »Psychologie mit Seele«, das heißt einer Seelenlehre, die auf der Annahme eines autonomen Geistes gegründet wäre, ins Auge zu fassen. Die Unpopularität solchen Unterfangens darf uns nicht schrecken, denn die Hypothese des Geistes ist nicht phantastischer als die des Stoffes. Da wir tatsächlich keine Ahnung haben, wie Psychisches aus Physischem hervorgehen kann, und Psychisches doch irgendwie *ist,* so steht es uns frei, auch einmal das Umgekehrte anzunehmen, dass Psyche aus einem geistigen Prinzip von ähnlicher Unzugänglichkeit wie der Stoff hervorgehe. Eine solche Psychologie könnte allerdings nicht modern sein, denn modern ist das Gegenteil. Wir müssen daher wohl oder übel auf die Seelenlehre unserer Voreltern zurückgreifen, weil jene es waren, die solche Annahmen machten.

Die alte Anschauung war, dass die Seele essentiell das Leben des Körpers sei, der Lebenshauch, eine Art Lebenskraft, die während der Schwangerschaft oder Geburt oder Zeugung in die Physis, in die Räumlichkeit, eintrete und mit dem letzten Atemzug den sterbenden Körper wieder verlasse. Die Seele ist an und für sich ein unräumliches Wesen, und weil sie vor dem körperlichen Dasein und nach ihm ist, so ist sie auch zeitlos und das heißt praktisch unsterblich. Diese Anschauung ist natürlich, vom Standpunkt der modernen wissenschaftlichen Psychologie aus betrachtet, reine Illusion. Da wir aber hier keine »Metaphysik« treiben wollen, auch keine moderne, so wollen wir diese altertümliche Anschauung einmal vorurteilslos auf ihre empirische Berechtigung untersuchen.

Die Namen, welche die Menschen ihren Erfahrungen geben, sind oft recht aufschlussreich. Woher stammt das Wort Seele? Seele, wie das englische soul, ist im Gotischen saiwala, urgermanisch saiwalô, das etymologisch mit dem griechischen aiolos, beweglich, bunt, schillernd, zusammengestellt wird. Das griechische Wort psyche heißt bekanntlich auch Schmetterling. Saiwalô wird andererseits auch mit dem altslawischen sila, Kraft, zusammengestellt. Aus diesen Beziehungen fällt ein erklärendes Licht auf die Urbedeutung des Wortes Seele: Sie ist bewegende Kraft, wohl Lebenskraft.

Der lateinische Name animus = Geist, und anima = Seele, ist dasselbe wie das griechische anemos, Wind. Das andere griechische Wort für Wind, pneuma, bedeutet bekanntlich auch Geist. Im Gotischen begegnet uns das gleiche Wort als us-anan, ausatmen, und im Lateinischen an-helare, mühsam atmen. Im Althochdeutschen wurde spiritus sanctus durch atum, Atem, wiedergegeben. Im Arabischen ist rih, Wind, ruh, Seele, Geist. Eine ganz ähnliche Verwandtschaft hat das griechische psyche, das mit psycho, hauchen, psychos, kühl, psychros, kalt, und physa, Blasebalg, zusammenhängt. Diese Zusammenhänge zeigen deutlich, wie im Lateinischen, Griechischen und Arabischen die Namengebung für Seele mit der Vorstellung von bewegter Luft, dem »kalten Geisterhauch«, zusammenhängt. Daher kommt es wohl auch, dass die primitive Anschauung der Seele einen unsichtbaren Hauchkörper gibt.

Es ist ohne Weiteres verständlich, dass, weil Atmen das Kennzeichen des Lebens ist, Atem für Leben gesetzt wird, ebenso wie Bewegung und bewegende Kraft. Eine andere primitive Anschauung sieht die Seele als Feuer oder Flamme, weil Wärme ebenfalls ein Kennzeichen des Lebens ist. Eine merkwürdige, jedoch nicht seltene primitive Auffassung identifiziert die Seele mit dem Namen. Der Name des Individuums ist seine Seele, daher die Sitte, durch Gebrauch der Ahnennamen Ahnenseelen in Neugeborenen zu inkarnieren. Diese Auffassung bedeutet wohl nichts anderes als die Anerkennung des Ichbewusstseins als Ausdruck der Seele. Vielfach wird die Seele auch mit dem Schatten identifiziert, weshalb es eine tödliche Beleidigung ist, jemand auf den Schatten zu treten. Gefährlich ist daher die Mittagszeit (die südliche Geisterstunde), weil dann der Schatten ganz klein wird, was mit Lebensbedrohung gleichbedeutend ist. Der Schatten drückt dasselbe aus, was die Griechen den synopados nannten, den hinten Nachfolgenden, ein Gefühl unfassbarer lebendiger Gegenwart, weshalb auch die Seelen Abgeschiedener als Schatten bezeichnet werden.

Diese Andeutungen mögen zeigen, wie die Uranschauung die Seele erfuhr. Das Psychische erscheint als Lebensquelle, als primum movens, als eine geisterhafte, aber objektive Gegenwart. Daher versteht es der Primitive, mit seiner Seele zu sprechen, sie hat Stimme in ihm, da sie nicht schlechthin er selber und sein Bewusstsein ist. Das Psychische ist für die Urerfahrung nicht der Inbegriff alles Subjektiven und Willkürlichen, wie für uns, sondern es ist ein Objektives, aus sich selbst Lebendes und auf sich selbst Beruhendes.

Diese Auffassung ist empirisch durchaus berechtigt, denn nicht nur auf primitiver Stufe, sondern auch beim Kulturmenschen erweist sich das Psychische als Objektives, das unserer Bewusstseinswillkür in hohem Maße entzogen ist. So können wir zum Beispiel die meisten Emotionen nicht unterdrücken, wir können eine schlechte Laune nicht in eine gute verwandeln, wir können Träume weder bestellen noch abbestellen. Selbst der intelligenteste Mensch kann zu Zeiten von Gedanken besessen sein, die er auch mit der größten Willensanstrengung nicht loswird. Unser Gedächtnis kann die tollsten Sprünge machen, die wir nur hilflos bewundern können, und Phantasien kommen uns in den Kopf, die wir nie gesucht und nie erwartet hätten. Wir lieben es bloß, uns mit dem Gedanken zu schmeicheln, dass wir Herr im eigenen Hause seien. In Wirklichkeit sind wir in unheimlichem Maße darauf angewiesen, dass unser unbewusst Psychisches von sich aus richtig funktioniert und uns gegebenenfalls nicht im Stiche lässt. Wenn wir gar die Psychologie Neurotischer studieren, so kommt es einem direkt lächerlich vor, dass es überhaupt Psychologen gibt, welche Psyche mit Bewusstsein gleichsetzen. Und die Psychologie Neurotischer ist bekanntlich von derjenigen der sogenannten Normalen nur unbedeutend verschieden, denn – wer ist heutzutage todsicher nicht neurotisch?

Angesichts dieser Sachlage ist es durchaus begreiflich, dass die alte Anschauung von der Seele als etwas Selbstständigem, nicht bloß Objektivem, sondern direkt gefährlich Willkürlichem ihre Berechtigung hat. Die weitere Annahme, dass dieses geheimnisvolle, furchterregende Wesen zugleich die Lebensquelle sei, ist psychologisch ebenso verständlich, denn die Erfahrung zeigt ja, wie das Ichsein, nämlich das Bewusstsein, aus unbewusstem Leben hervorgeht. Das kleine Kind hat psychisches Leben ohne nachweisbares Ichbewusstsein, weshalb die ersten Lebensjahre kaum einige Erinnerungsspuren hinterlassen. Woher kommen alle guten und hilfreichen Einfälle? Woher Begeisterung, Inspiration und jedes erhöhte Lebensgefühl? Der Primitive fühlt in der Tiefe seiner Seele den Lebensquell, er ist aufs Tiefste beeindruckt von der Leben schöpfenden Tätigkeit seiner Seele, weshalb er an alles glaubt, was auf die Seele wirkt, nämlich an magische Gebräuche aller Art. Darum ist für ihn die Seele das Leben überhaupt, das er nicht zu meistern sich einbildet, sondern von dem er in jeglicher Beziehung abhängt.

Die Idee von der Unsterblichkeit der Seele, so unerhört sie uns auch klingen mag, ist der primitiven Empirie nichts Außerordentliches. Gewiss ist die Seele etwas Seltsames. Sie ist im Raume nicht richtig zu lokalisieren, wo doch alles Seiende bestimmten Raum in Anspruch nimmt. Gewiss nehmen wir an, unsere Gedanken seien im Kopf, aber schon bei den Gefühlen werden wir unsicher, denn sie scheinen eher die Herzregion zu bewohnen. Die Empfindungen sind vollends über den ganzen Körper verteilt. Unsere Theorie ist zwar, dass der Bewusstseinssitz im Kopf sei. Die Puebloindianer aber sagten mir, die Amerikaner seien verrückt, weil sie dächten, ihre Gedanken seien im Kopf. Jeder vernünftige Mensch denke doch im Herzen. Gewisse Negerstämme haben ihre psychische Lokalisation weder im Kopf noch im Herzen, sondern im Bauch.

Zu dieser Unsicherheit der räumlichen Lokalisation kommt die Tatsache hinzu, dass psychische Inhalte überhaupt unräumlichen Charakter annehmen, sobald sie aus der Sphäre der Empfindung heraustreten. Welches Raummaß können wir an Gedanken anlegen? Sind sie klein, groß, lang, dünn, schwer, flüssig, gerade, kreisförmig, oder was? Wenn wir uns eine lebendige Vorstellung von einem vierdimensionalen, raumleugnenden Wesen machen wollten, so stünde uns gewiss das Gedankenwesen dazu Modell.

Es wäre alles so viel einfacher, wenn man die Existenz der Psyche einfach leugnen könnte! Aber hier haben wir unmittelbarste Erfahrung von etwas Seiendem, das unserer ausgemessenen, abgewogenen, dreidimensionalen Wirklichkeit eingepflanzt, dieser in jeder Hinsicht und in allen Stücken in der verblüffendsten Weise unähnlich ist und sie doch widerspiegelt. Die Seele könnte ein mathematischer Punkt sein und zugleich eine ganze Fixsternwelt. Dass für die naive Anschauung ein solch paradoxes Wesen an Göttliches rührt, kann man ihr nicht verdenken. Wenn es keinen Raum hat, so hat es keinen Körper. Körper sterben, aber Unsichtbares, Unräumliches, kann es verschwinden? Überdies war ja Leben und Seele, bevor Ich war, und wenn Ich nicht ist, wie im Schlaf oder in der Bewusstlosigkeit, so ist doch Leben und Seele, wie der Traum zeigt oder wie man es am anderen sehen kann. Warum sollte naive Anschauung angesichts solcher Erfahrung leugnen, dass die Seele jenseits des Körpers lebt? Ich muss gestehen, dass ich in diesem sogenannten Aberglauben ebenso wenig einen Unsinn erblicken kann wie in den Ergebnissen der Hereditätsforschung oder der Triebpsychologie.

Dass die alte Anschauung der Seele höheres, ja göttliches Wissen zutraut, ist in Anbetracht des Umstandes, dass alte Kulturen, zurück bis in die Primitivität, Träume und Visionen stets als Erkenntnisquelle benützt haben, wohl zu verstehen. Tatsächlich verfügt das Unbewusste über subliminale Wahrnehmungen, deren Reichweite ans Wunderbare grenzt. In Anerkennung dieses Umstandes werden auf primitiver Stufe die Träume und Visionen als wichtige Informationsquellen benützt, und über dieser Psychologie sind mächtige, uralte Kulturen, wie die indische und die chinesische, entstanden, welche beide den inneren Erkenntnisweg, philosophisch und praktisch, bis ins Feinste ausgebildet haben.

Die Wertschätzung der unbewussten Psyche als Erkenntnisquelle ist keineswegs so illusionär, wie unser westlicher Rationalismus es haben möchte. Unsere Neigung ist es, anzunehmen, dass alle Erkenntnis in letzter Linie immer von außen stamme. Wir wissen aber heute bestimmt, dass das Unbewusste über Inhalte verfügt, die, wenn sie bewusst gemacht werden könnten, einen unabsehbaren Erkenntniszuwachs bedeuten würden. Die moderne Instinktforschung bei Tieren, zum Beispiel bei Insekten, hat ein reiches empirisches Material zusammengebracht, welches mindestens beweist, dass, wenn ein Mensch gegebenenfalls so handelte wie ein bestimmtes Insekt, er im Besitze einer überlegenen Erkenntnis sein würde. Es ist natürlich keineswegs nachzuweisen, dass die Insekten ein Bewusstsein ihres Wissens haben, aber dass diese unbewussten Inhalte psychische Funktion sind, daran kann der gesunde Menschenverstand nicht zweifeln. So enthält auch das menschliche Unbewusste die ganze vererbte Lebens- und Funktionsform der Ahnenreihe, so dass bei jedem

Kinde eine angepasste psychische Funktionsbereitschaft schon vor allem Bewusstsein vorhanden ist. Auch im erwachsenen, bewussten Leben ist diese unbewusste instinktive Funktion beständig vorhanden und tätig. In ihr sind alle Funktionen der bewussten Psyche vorgebildet und vorhanden. Das Unbewusste nimmt wahr, hat Absichten und Ahnungen, fühlt und denkt ähnlich wie das Bewusstsein. Wir wissen dies zur Genüge aus den Erfahrungen der Psychopathologie und der Erforschung der Traumfunktion. Nur in einer Hinsicht besteht ein ganz wesentlicher Unterschied zwischen dem bewussten und dem unbewussten Funktionieren der Psyche. Während das Bewusstsein zwar intensiv und konzentriert ist, ist es bloß ephemer und auf unmittelbare Gegenwart und Nächstes eingestellt, auch verfügt es natürlicherweise nur über ein individuelles Erfahrungsmaterial, das sich über wenige Jahrzehnte erstreckt. Ein weiteres Gedächtnis ist künstlich und besteht wesentlich aus bedrucktem Papier. Ganz anders das Unbewusste! Dieses ist zwar nicht konzentriert und intensiv, sondern dämmerhaft bis dunkel, es ist äußerst extensiv und kann die heterogensten Elemente in paradoxester Weise nebeneinanderstellen, verfügt jedoch neben einer unbestimmbaren Menge unterschwelliger Wahrnehmungen über den ungeheuren Schatz der Niederschläge aller Ahnenleben, welche durch ihr bloßes Dasein zur Differenzierung der Spezies beigetragen haben. Könnte man das Unbewusste personifizieren, so wäre es ein kollektiver Mensch, jenseits der geschlechtlichen Besonderheit, jenseits von Jugend und Alter, von Geburt und Tod, und würde über die annähernd unsterbliche menschliche Erfahrung von ein bis zwei Millionen Jahren verfügen. Dieser Mensch wäre schlechthin erhaben über den Wechsel der Zeiten. Gegenwart würde ihm ebenso viel bedeuten wie irgendein Jahr im hundertsten Jahrtausend vor Christi Geburt, er wäre ein Träumer säkularer Träume, und er wäre ein unvergleichlicher Prognosensteller aufgrund seiner unermesslichen Erfahrung. Denn er hätte das Leben des Einzelnen, der Familien, der Stämme und Völker unzählige Male erlebt und besäße den Rhythmus des Werdens, Blühens und Vergehens im lebendigsten inneren Gefühle.

Leider, oder vielmehr glücklicherweise, träumt er; wenigstens erscheint es uns so, als ob dieses kollektive Unbewusste kein eigenes Bewusstsein seiner Inhalte in sich schlösse, wovon wir aber andererseits auch nicht ganz sicher sind, sowenig wie bei den Insekten. Auch scheint dieser kollektive Mensch keine Person zu sein, sondern etwas wie ein unendlicher Strom oder vielleicht ein Meer von Bildern oder Formen, die uns gelegentlich im Traum oder in abnormen geistigen Zuständen zum Bewusstsein kommen.

Es wäre geradezu grotesk, wenn wir dieses immense Erfahrungssystem der unbewussten Psyche als Illusion bezeichnen sollten, denn unser sicht- und tastbarer Körper ist ein ganz ähnliches Erfahrungssystem, das immer noch die Spuren urältester Entwicklungen sichtbar an sich trägt, und unzweifelhaft ein zweckmäßig funktionierendes Ganzes ist, sonst könnten wir ja gar nicht leben. Niemand würde es einfallen, die vergleichende Anatomie oder die Physiologie für Unsinn zu halten, darum kann auch die Erforschung des kollektiven Unbewussten oder die Wertschätzung desselben als Erkenntnisquelle nicht als Illusion gelten.

Von unserem äußerlichen Standpunkt gesehen, erscheint uns das Seelische wesentlich als Abbild äußerer Vorgänge, durch diese nicht nur veranlasst, sondern ursächlich erschaffen. So erscheint es uns auch zunächst, als ob das Unbewusste nur von außen und vom Bewusstsein her zu erklären wäre. Wie Sie wissen, hat Freuds Psychologie diesen Versuch gemacht. Diese Unternehmung könnte aber nur dann wirklichen Erfolg haben, wenn das Unbewusste tatsächlich etwas wäre, das erst durch das individuelle Dasein und Bewusstsein entstünde. Das Unbewusste ist aber immer schon vorher da, denn es ist die seit Urzeiten vererbte Funktionsbereitschaft. Das Bewusstsein ist ein spätgeborener Nachkomme der unbewussten Seele. Es wäre wohl verkehrt, das Leben der Ahnen aus dem späten Epigonen zu erklären, daher ist es auch meines Erachtens verfehlt, das Unbewusste als in kausaler Abhängigkeit vom Bewusstsein zu betrachten. Das Umgekehrte ist darum wohl das Richtigere.

Das ist aber der Standpunkt der alten Psychologie, welche, wissend um den ungeheuren Schatz dunkler Erfahrung, der unter der Schwelle des ephemeren, individuellen Bewusstseins verborgen liegt, die Einzelseele immer nur als abhängig von einem geistigen Weltsystem betrachtet hat. Sie hat nicht nur die Hypothese gemacht, sondern es war ihr über jeden Zweifel hinaus evident, dass dieses System ein Wesen mit Willen und Bewusstsein, ja sogar eine Person sei, und sie hat dieses Wesen Gott genannt, und dieser war ihr der Inbegriff aller Realität. Er war ihr das allerrealste Wesen, die prima causa, aus der allein die Seele erklärt werden konnte. Diese Hypothese hat psychologische Berechtigung, denn ein annähernd unsterbliches Wesen mit annähernd ewiger Erfahrung im Vergleich zum Menschen göttlich zu nennen, könnte nicht als unberechtigt gelten.

Was ich im Vorangegangenen sagte, schildert die Problematik einer Psychologie, die sich nicht auf das Physische als Erklärungsgrund beruft, sondern auf ein geistiges System, dessen primum movens nicht der Stoff und seine Qualitäten oder ein energetischer Zustand ist, sondern Gott. Hier läge die Versuchung nahe, mit einem Hinweis auf moderne Naturphilosophie, die Energie oder den élan vital Gott zu nennen und damit Geist und Natur in eines zu werfen. Solange sich ein solches Experiment auf die nebligen Höhen spekulativer Philosophie beschränkt, bleibt es ungefährlich. Wollten wir aber damit in der niederen Sphäre wissenschaftlicher Erfahrung operieren, so würden wir uns bald in die heillosesten Unklarheiten verwickeln, denn hier handelt es sich um praktisch wichtige Erklärungen. Wir treiben nämlich nicht eine Psychologie mit bloß akademischen Ansprüchen, deren Erklärungen praktisch belanglos sind, sondern wir brauchen eine praktische Psychologie, die praktisch richtig ist, das heißt diejenigen Erklärungen liefert, die sich in ihren praktischen Ergebnissen bestätigen müssen. Auf dem Kampfplatz der praktischen Psychotherapie sind wir auf lebensfähige Resultate angewiesen, wo wir dann nicht Theorien aufstellen können, die den Patienten nichts angehen oder ihn sogar schädigen. Hier kommt es nun, oft in lebensbedrohender Weise, darauf an, ob man aus der Physis oder dem Geist erklärt. Vergessen wir ja nicht, dass dem naturalistischen Standpunkt alles, was Geist ist, als Illusion erscheint, und dass umgekehrt der Geist oft etwas, was eine aufdringliche physische Tatsache ist, leugnen und überwinden muss, um selber existieren zu können. Kenne ich nur natürliche Werte, so werde ich durch meine physische Hypothese die geistige Entwicklung meines Patienten entwerten, hindern oder gar zerstören. Gehe ich aber nur und in letzter Linie nach geistigen Richtpunkten, so werde ich den natürlichen Menschen in seiner physischen Daseinsberechtigung verkennen und vergewaltigen. Nicht wenige Selbstmorde in psychotherapeutischen Behandlungen sind auf solche Missgriffe zurückzuführen. Ob Energie Gott ist, oder Gott Energie, kümmert mich wenig, denn das kann ich ja ohnehin nicht wissen. Wie aber psychologisch erklärt werden muss, das soll ich wissen.

Der moderne Psychologe steht nicht mehr auf dem einen oder anderen Standpunkt, sondern dazwischen auf einem gefährlichen Sowohl-als-auch – eine der verführerischsten Gelegenheiten zu einem völlig charakterlosen Opportunismus! Das ist unzweifelhaft die große Gefahr der coincidentia oppositorum, der intellektuellen Befreiung aus dem Gegensatz. Wie soll aus solcher Gleichwertigkeit zweier entgegengesetzter Hypothesen etwas anderes als eine form- und richtungslose Unbestimmtheit entstehen? Der Vorteil eines eindeutigen Erklärungsprinzipes ist demgegenüber ohne Weiteres einleuchtend: er erlaubt einen Standpunkt, der richtunggebend ist. Unzweifelhaft handelt es sich hier um ein sehr schwieriges Problem. Wir müssen eine Realität, einen realen Erklärungsgrund haben, auf den wir uns berufen können, und es ist ganz unmöglich, dass der moderne Psychologe noch weiter auf dem physischen Standpunkt verharrt, wenn ihm einmal die Berechtigung des geistigen Standpunktes klar geworden ist. Er wird aber auch Letzteren nicht ganz adoptieren können, denn die Gründe für die relative Gültigkeit des physischen Standpunktes können nicht außer Acht gelassen werden. Worauf soll man sich also stellen?

Zur Lösung dieses Problems habe ich mir folgende Überlegung gemacht. Der Konflikt zwischen Natur und Geist ist ein Abbild des paradoxen seelischen Wesens: es hat einen physischen und einen geistigen Aspekt, der wie ein Widerspruch erscheint, weil wir das Wesen des Seelischen in letzter Linie nicht verstehen. Immer, wenn der menschliche Verstand eine Aussage machen will über etwas, was er im letzten Grunde nicht erfasst hat und nicht erfassen kann, muss er, wenn er ehrlich ist, einen Widerspruch begehen, er muss es in seine Gegensätze auseinanderreißen, um es einigermaßen erkennen zu können. Der Konflikt zwischen physischem und geistigem Aspekt beweist nur, dass das Psychische ein in letzter Linie unerfassbares Etwas ist. Zweifellos ist es unsere einzige unmittelbare Erfahrung. Alles, was ich erfahre, ist psychisch. Selbst der physische Schmerz ist ein psychisches Abbild, das ich erfahre; alle meine Sinnesempfindungen, die mir eine Welt von raumerfüllenden, undurchdringlichen Dingen aufzwingen, sind psychische Bilder, die einzig meine unmittelbare Erfahrung darstellen, denn sie allein sind es, die mein Bewusstsein zum unmittelbaren Objekt hat. Ja, meine Psyche verändert und verfälscht die Wirklichkeit in solchem Maße, dass ich künstlicher Hilfsmittel bedarf, um feststellen zu können, was die Dinge außer mir sind, dass zum Beispiel ein Ton eine Luftschwingung von bestimmter Frequenz, und eine Farbe eine bestimmte Wellenlänge des Lichtes ist. Im Grunde genommen sind wir dermaßen in psychische Bilder eingehüllt, dass wir zum Wesen der Dinge außer uns überhaupt nicht vordringen können. Alles, was wir je wissen können, besteht aus psychischem Stoff. Psyche ist das allerrealste Wesen, weil es das einzig Unmittelbare ist. Auf diese Realität kann sich der Psychologe berufen, nämlich auf die *Realität des Psychischen.*

Versuchen wir, tiefer in diesen Begriff einzudringen, so erscheint es uns, als ob gewisse Inhalte oder Bilder von einer sogenannten physischen Umwelt, zu der auch mein Körper gehört, herrührten, andere kommen aus einer sogenannten geistigen Quelle, die von den physischen Dingen verschieden zu sein scheint, aber sie sind deshalb nicht minder real. Ob ich mir nun vorstelle, was für ein Auto ich mir kaufen möchte, oder in was für einem Zustande die Seele meines verstorbenen Vaters sich gegenwärtig befindet, ob mich eine äußere Tatsache ärgert oder ein Gedanke, ist psychisch gleich real. Nur bezieht sich das eine auf die Welt der physischen, das andere aber auf die Welt der geistigen Dinge. Wenn ich meinen Begriff von Realität auf die Psyche verschiebe, wo er einzig wirklich am Platze ist, so hört damit auch der Konflikt zwischen Natur und Geist als Erklärungsgründen auf. Sie werden zu bloßen *Herkunftsbezeichnungen für die psychischen Inhalte,* die sich in mein Bewusstsein drängen. Wenn ein Feuer mich brennt, so zweifle ich nicht an der Realität des Feuers. Wenn ich aber Angst habe, ein Geist könnte mir erscheinen, so suche ich Schutz hinter dem Gedanken, es sei eine bloße Illusion. Aber wie das Feuer ein psychisches Bild ist von einem dinglichen Vorgang, dessen Physik in letzter Linie noch unbekannt ist, so ist meine Angst vor dem Spuk ein psychisches Bild geistiger Herkunft, ebenso real wie das Feuer, denn es macht mir reale Angst, genau wie das Feuer mir realen Schmerz verursacht. Auf welchen geistigen Vorgang die Angst vor dem Spuk in letzter Linie hinausläuft, ist mir ebenso unbekannt wie die unbekannte Natur der Materie. Und so wie ich nicht daran denke, die Natur des Feuers anders als durch chemische und physikalische Begriffe zu erklären, so fällt es mir auch nicht ein, meine Angst vor dem Spuk anders als durch geistige Faktoren zu verstehen.

Die Tatsache, dass unmittelbare Erfahrung nur psychisch ist und dass darum unmittelbare Realität nur psychisch sein kann, erklärt, warum für den primitiven Menschen Geister und magische Wirkung ebenso dinglich sind wie physische Ereignisse. Der Primitive hat seine Urerfahrung noch nicht in Gegensätze zerrissen. In seiner Welt durchdringen sich noch Geist und Stoff, und Götter wandeln noch durch Wald und Feld. Er ist noch wie ein Kind, erst halbgeboren, noch träumend eingeschlossen in seine Seele, in die Welt, wie sie wirklich ist, noch nicht verzerrt durch die Erkenntnisschwierigkeiten eines dämmernden Verstandes. Aus dem Zerfall der Urwelt in Geist und Natur hat sich der Westen die Natur gerettet, an die er temperamentmäßig glaubt und in die er sich mit allen schmerzhaften und verzweifelten Vergeistigungsversuchen nur immer mehr verstrickte. Der Osten dagegen wählte sich den Geist, den Stoff als Maja erklärend, um in asiatischem Schmutz und Elend dahinzudämmern. Aber wie es nur *eine* Erde gibt, und Osten und Westen die *eine* Menschheit nicht in zwei verschiedene Hälften zu zerreißen vermögen, so besteht die psychische Realität noch in ursprünglicher Einheit und wartet auf den Fortschritt des menschlichen Bewusstseins vom Glauben ans eine und der Leugnung des anderen zur Anerkennung der beiden als konstitutiver Elemente der *einen* Seele.

Die Idee der psychischen Realität könnte man wohl als die allerwesentlichste Errungenschaft moderner Psychologie bezeichnen, wenn sie als solche anerkannt wäre. Es scheint mir aber nur eine Frage der Zeit zu sein, bis diese Idee allgemein durchdringt. Sie muss durchdringen, denn diese Formel allein erlaubt es, die mannigfaltigen seelischen Erscheinungen in ihrer Eigenart zu würdigen. Ohne diese Idee ist es unvermeidlich, dass jeweils eine ganze Hälfte des Psychischen durch die Erklärung vergewaltigt wird. Mit dieser Idee aber gewinnen wir die Möglichkeit, jener Seite des Seelischen, das sich in Aberglauben und Mythologie, in Religionen und Philosophie ausdrückt, gerecht zu werden. Und dieser Aspekt der Seele ist wahrlich nicht zu unterschätzen. Die sinnenfällige Wahrheit mag der Vernunft genügen, sie ergibt aber nie einen Sinn des menschlichen Lebens, der auch das Gemüt ergreift und ausdrückt. Die Kräfte des Gemütes aber sind sehr oft die Faktoren, die hauptsächlich und in letzter Linie entscheiden, im Guten wie im Bösen. Wenn jene Kräfte aber unserer Vernunft nicht zu Hilfe eilen, so erweist sich diese meistens als ohnmächtig. Hat uns die Vernunft und die gute Absicht vielleicht vor dem Weltkrieg oder vor irgendeinem anderen katastrophalen Unsinn bewahrt? Oder sind die größten geistigen und sozialen Umwälzungen aus Vernunft entstanden, wie zum Beispiel die Verwandlung der antiken Wirtschaftsform in die mittelalterliche? Oder die explosionsartige Ausbreitung der islamischen Kultur?

Als Arzt bin ich natürlich von diesen weltbewegenden Fragen nicht unmittelbar berührt, sondern ich habe es mit Kranken zu tun. Wenn es schon das Vorurteil der bisherigen Medizin war, man könnte und sollte die Krankheit an und für sich behandeln und heilen, so werden doch in neuester Zeit Stimmen laut, welche diese Ansicht für Irrtum erklären und nicht die Behandlung der Krankheit, sondern die des kranken Menschen befürworten. Diese selbe Forderung drängt sich uns in der Behandlung der seelischen Leiden auf. Wir wenden unseren Blick mehr und mehr von der sichtbaren Krankheit weg und richten ihn auf den ganzen Menschen, denn wir haben eingesehen, dass gerade seelische Leiden nicht lokalisierte, eng begrenzte Phänomene sind, sondern an sich Symptome einer gewissen falschen Einstellung der Gesamtpersönlichkeit. Eine gründliche Heilung kann deshalb nie von einer auf das Leiden selber beschränkten Behandlung, sondern nur von einer Behandlung der ganzen Persönlichkeit erhofft werden.

Ich erinnere mich eines in dieser Hinsicht sehr instruktiven Falles: Es handelte sich um einen höchst intelligenten jungen Mann, der aufgrund eines eingehenden Studiums der ärztlichen Fachliteratur eine ausführliche Analyse seiner Neurose ausgearbeitet hatte. Er brachte seine Ergebnisse in Form einer eigentlichen, vorzüglich geschriebenen, sozusagen druckfertigen Monographie mit und bat mich, das Manuskript zu lesen und ihm dann zu sagen, weshalb er noch immer nicht geheilt sei, obschon er, nach seinem wissenschaftlichen Dafürhalten, eigentlich geheilt sein müsste. Ich musste ihm nach erfolgter Lektüre gestehen, dass er, wenn es auf die Einsicht in die kausale Struktur einer Neurose allein ankäme, unbedingt geheilt sein müsste. Dass er noch nicht geheilt sei, müsse wohl darauf beruhen, dass er in seiner Gesamteinstellung zum Leben einen prinzipiellen Fehler mache, der allerdings jenseits der Symptomatologie seiner Neurose liege. Es war mir nun in seiner Anamnese aufgefallen, dass er die Winter öfters in St. Moritz oder in Nizza zubrachte. Ich fragte ihn nun, wer diese Aufenthalte eigentlich bezahle, worauf es sich herausstellte, dass eine arme Volksschullehrerin, die ihn liebte, sich das Geld vom Munde absparte, um dem Jüngling diese Kuraufenthalte zu ermöglichen. In dieser Gewissenlosigkeit liegt der Grund zur Neurose und die Erklärung, warum auch alle wissenschaftliche Einsicht nichts hilft. Hier liegt der prinzipielle Fehler in der moralischen Haltung. Der Patient fand meine Ansicht äußerst unwissenschaftlich, denn Moral habe mit Wissenschaft nichts zu tun. Er glaubte, man könne die Immoralität, die er im Grunde genommen selber nicht ertrug, wissenschaftlich wegdenken; und ein Konflikt sei es auch nicht, denn seine Geliebte gebe ihm das Geld ja freiwillig.

Man mag nun wissenschaftlich darüber denken, wie man will, was aber an der Tatsache, dass weitaus die meisten zivilisierten Menschen eine derartige Haltung einfach nicht ertragen, nichts ändert. Die moralische Haltung ist ein realer Faktor, mit dem der Psychologe rechnen muss, soll er nicht schwerste Irrtümer begehen. Das Gleiche gilt von der Tatsache, dass gewisse, rational nicht zu begründende religiöse Überzeugungen für viele Menschen eine Lebensnotwendigkeit sind. Es sind wiederum seelische Realitäten, welche Krankheiten verursachen und heilen können. Wie oft hörte ich schon einen Kranken ausrufen: »Wenn ich wüsste, dass mein Leben irgendeinen Sinn und Zweck hätte, dann brauchte ich diese ganze Nervengeschichte nicht!« Ob der Betreffende nun reich oder arm ist, Familie und Stellung hat oder nicht, macht gar nichts aus, denn diese Tatsache genügt ihm als Lebenssinn längstens nicht. Es handelt sich vielmehr um die irrationale Notwendigkeit eines sogenannten geistigen Lebens, das er aber weder von Universitäten, noch von Bibliotheken, noch auch von Kirchen beziehen kann. Denn er kann es nicht annehmen, weil es nur seinen Kopf berührt, nicht aber sein Herz ergreift. In einem solchen Falle ist die richtige Erkenntnis der geistigen Faktoren vonseiten des Arztes schlechthin lebenswichtig, und dieser vitalen Notwendigkeit kommt das Unbewusste des Patienten auch insofern entgegen, als es zum Beispiel in den Träumen Inhalte hervorbringt, deren Natur wesentlich als religiös angesprochen werden muss. Die geistige Provenienz solcher Inhalte zu verkennen, bedeutet Fehlbehandlung und dementsprechend Misserfolg.

In der Tat sind geistige Allgemeinvorstellungen ein unerlässlicher Bestandteil des seelischen Lebens, der sich bei allen Völkern, die sich eines einigermaßen artikulierten Bewusstseins erfreuen, nachweisen lässt. Ihre teilweise Abwesenheit oder gar ihre gelegentliche Leugnung bei Kulturvölkern muss daher als ein Degenerationszeichen aufgefasst werden. Nachdem die bisherige Entwicklung der Psychologie ein Hauptgewicht auf die physische Bedingtheit der Seele gelegt hat, wird die zukünftige Aufgabe der Psychologie die Erforschung der geistigen Bedingtheit des seelischen Prozesses sein. Die Naturgeschichte des Geistes aber befindet sich heute noch in einem Zustande, der sich nur dem Zustand der Naturwissenschaft im 13. Jahrhundert vergleichen lässt. Wir haben erst begonnen, Erfahrungen zu machen.

Wenn die moderne Psychologie sich überhaupt rühmen darf, irgendeinen Schleier vom verhüllten Bild der Seele weggezogen zu haben, so ist es der, der ihre biologische Erscheinung dem forschenden Blick bisher entzog. Wir dürfen die gegenwärtige Lage dem Zustand der Medizin im 16. Jahrhundert vergleichen, wo man anfing, die Anatomie kennenzulernen, von der Physiologie aber noch keine Ahnung hatte. So ist uns auch das geistige Leben der Seele erst in kleinsten Bruchstücken bekannt. Wir wissen zwar heute, dass es geistig bedingte Wandlungsprozesse in der Seele gibt, die auch zum Beispiel den aus der Psychologie der Naturvölker bekannten Initiationen oder den durch Yoga bedingten Zuständen zugrunde liegen. Aber es ist uns noch nicht gelungen, ihre eigentümliche Gesetzmäßigkeit festzustellen. Wir wissen nur, dass ein großer Teil der Neurosen auf einer Störung dieser Prozesse beruht. Es ist der psychologischen Forschung nicht gelungen, das vielfach verschleierte Bild der Seele zu enthüllen, denn es ist unnahbar und dunkel wie alle tiefen Lebensgeheimnisse. Wir können im Grunde genommen nicht viel mehr tun, als davon sprechen, was wir schon versucht haben und was wir noch in Zukunft zu tun gedenken, um das große Rätsel annähernd zu lösen.

Die Bedeutung der Psychologie für die Gegenwart (1933)

Ich habe es als eine außerordentliche Schwierigkeit erfahren, im psychologischen Gebiete etwas allgemein Verständliches meinem Publikum zu vermitteln. Diese Schwierigkeit fing schon an, als ich noch Arzt an der Irrenklinik war. Jeder Psychiater nämlich macht die erstaunliche Entdeckung, dass nicht etwa er selber eine kompetente Meinung über geistige Gesundheit und Krankheit vertritt, sondern dass das liebe Publikum darüber stets alles viel besser weiß als er. Der Kranke gehe ja nicht an den Wänden hoch, er wisse, wo er sei, er kenne seine Angehörigen, habe seinen Namen nicht einmal vergessen, also sei er doch gar nicht krank, sondern bloß ein bisschen traurig oder ein bisschen exaltiert, und die Idee des Psychiaters, der Mann leide an der So-und-so-Krankheit, sei ganz unrichtig.

Diese häufige Erfahrung streift schon ans Psychologische, wo es nämlich noch schlimmer kommt. Vor allem meint jeder, dass Psychologie das sei, was er am besten kenne – Psychologie ist doch immer *seine* Psychologie, und die kennt nur *er*, und zugleich ist seine Psychologie doch *die* Psychologie überhaupt. Man setzt instinktiv voraus, dass die eigene seelische Beschaffenheit zugleich eine allgemeine sei, und dass jedermann im Wesentlichen so sei, wie jeder andere respektive wie man selber ist. Der Mann setzt diese Gleichheit von seiner Frau voraus, die Frau vom Manne, die Eltern von den Kindern, die Kinder von den Eltern usw. Es scheint, als ob jeder zu seinem Innern die unmittelbarste, intimste und kompetenteste Beziehung habe, und als ob seine Seele zugleich eine Allgemeinseele sei, die jedem anderen eignet, so dass man ohne Beschwernis den eigenen Tatbestand als eine Allgemeingültigkeit setzt. Man ist regelmäßig aufs Tiefste erstaunt, betrübt oder gar entsetzt, wenn diese Regel einmal offensichtlich nicht stimmt, das heißt wenn man entdeckt, dass der andere auch wirklich ein anderer *ist.* Seelische Verschiedenheiten werden in der Regel nicht bloß als Kuriositäten oder gar als besonders reizvoll empfunden, sondern vielmehr als peinlich, schwer ertragbar oder sogar als unerträglich, unrichtig und verwerflich. Das offensichtliche Anderssein wirkt wie eine Störung der Weltordnung, wie ein Irrtum, der schleunigst beseitigt werden muss, oder gar wie eine Verfehlung, welche man zu ahnden sich verpflichtet fühlt.

Ja es gibt, wie man weiß, psychologische Theorien von großer Bedeutung, welche auf der Annahme beruhen, dass die menschliche Seele stets und überall dasselbe und deshalb auch unter allen Umständen aus derselben Ecke zu erklären sei. Dieser von der Theorie vorausgesetzten, erschütternden Monotonie widerspricht die Tatsache der individuellen Verschiedenheit, die sich im Psychischen zur unendlichen Variation steigert. Aber abgesehen von diesem Umstand, erklärt die eine dieser Theorien die seelische Erscheinungswelt hauptsächlich aus der Biologie des Sexualinstinktes, die andere aber aus dem ebenso bekannten Machttrieb. Das Resultat des Widerspruches ist, dass sich beide Theorien auf ihr Prinzip versteifen und deutliche Neigung zum Alleinseligmachen verraten. Die eine Theorie leugnet die andere, und man fragt sich zunächst vergebens, wer nun eigentlich recht habe. Obschon die Vertreter der beiden Standpunkte versuchen, sich gegenseitig nicht zu kennen, löst dieses Verhalten doch keineswegs den Widerspruch. Die Antwort auf das Rätsel ist aber verblüffend einfach. Sie lautet: *Beide haben recht,* nämlich in dem Maße, als sie eine Psychologie beschreiben, die der ihrigen gleicht – in freier Anwendung des faustischen Wortes: »Du gleichst dem Geist, den du begreifst.«[2]

Doch kehren wir zurück zu der Tatsache, dass der naive Ver-

[2] Goethe, Faust, 1. Teil, Studierstube.

stand das sozusagen unausrottbare Vorurteil nährt, es sei beim anderen alles genau so wie bei ihm! Obschon man ja im Allgemeinen ohne Weiteres die Verschiedenheit der menschlichen Seelen zugibt, so vergisst man doch praktisch immer wieder, dass der andere tatsächlich ein anderer ist, anders fühlt, anders denkt, anders wahrnimmt und anders will als ich. Wie wir sehen, nehmen selbst wissenschaftliche Theorien an, dass jeden der Schuh an der gleichen Stelle drücke. Neben diesem ergötzlichen Hausstreit psychologischer Meinungen gibt es aber noch andere viel folgenschwerere, sozialpolitische Gleichheitsvoraussetzungen, welche das Vorhandensein der Einzelseele überhaupt vergessen.

Statt mich über solche Kurzsichtigkeiten nutzlos zu ärgern, habe ich mich vielmehr über die Tatsache ihrer Existenz verwundert und den Gründen nachgeforscht, die man dafür verantwortlich machen könnte.

Diese Fragestellung hat mich zum Studium der Psychologie primitiver Völker geführt. Es war mir nämlich schon längst aufgefallen, dass eine gewisse Naivität und Kindlichkeit am meisten zum Vorurteil der Gleichheit neigt. In der Primitivität der Menschheit findet man nun tatsächlich, dass dieses Vorurteil sich nicht nur über alle Menschen, sondern auch über alle Naturgegenstände, wie Tiere, Pflanzen, Flüsse, Berge usw. erstreckt. Sie alle haben etwas wie menschliche Psychologie, sogar die Bäume und die Steine können reden. Und wie es unter den Menschen solche gibt, die offensichtlich der Regel nicht ganz entsprechen und deshalb als Zauberer, Hexen, Häuptlinge und Medizinmänner gelten, so gibt es auch unter den Tieren sogenannte Doktorkoyoten, Doktorvögel, Werwölfe und dergleichen, welcher Ehrentitel nämlich immer dann verliehen wird, wenn ein Tier sich etwas ungewöhnlich benimmt und dadurch die stillschweigende Voraussetzung der Gleichheit stört. Dieses Vorurteil ist offenbar ein mächtiger Überrest eines primitiven Geisteszustandes, welcher, im Grunde genommen, auf einem mangelhaft differenzierten individuellen Bewusstsein beruht. Das individuelle oder Ichbewusstsein ist eine späte Errungenschaft der Entwicklung. Seine Urform ist ein bloßes *Gruppenbewusstsein,* das auch bei den heute noch existierenden Primitiven gegebenenfalls so nieder entwickelt ist, dass sich solche Stämme nicht einmal einen eigenen Namen beilegen, der sie von den anderen Stämmen unterscheiden würde. So habe ich in Ostafrika einen kleinen Stamm angetroffen, der sich nannte: »Die Leute, die da sind.« Dieses primitive Gruppenbewusstsein lebt im modernen *Familienbewusstsein* weiter, und es erweist sich des Öftern, dass man von individuellen Mitgliedern solcher Familien auch weiter gar nichts aussagen kann, als dass sie eben soundso heißen, womit auch die Betreffenden hinlänglich zufrieden zu sein scheinen.

Das Gruppenbewusstsein, in welchem die Individuen durchaus auswechselbar sind, ist aber nicht die tiefste Stufe des Bewusstseins, sondern bereits eine gewisse Differenzierung. Die tiefste Primitivität besitzt wohl *eine Art Allbewusstsein* bei völliger Unbewusstheit des vorstellenden Subjekts. Auf dieser Stufe gibt es nur *Ereignisse,* aber *keine handelnden Personen.*

Unsere Voraussetzung, dass, was mir gefällt, auch dem anderen gefalle, ist also ein merklicher Überrest jener Urnacht des Bewusstseins, wo zwischen Ich und Du überhaupt kein wahrnehmbarer Unterschied bestand und wo alle das Gleiche dachten, fühlten und wollten. Trat aber das Ereignis ein, dass der andere tatsächlich nicht gleichgerichtet war, so entstand eine Störung. Nichts erregt mehr Panik beim Primitiven als das Außergewöhnliche, in welchem dann sofort das Gefährliche und Feindselige vermutet wird. Auch diese Urreaktion überlebt in uns: Wie leicht ist man zum Beispiel beleidigt, wenn jemand unsere Überzeugung nicht teilt! Man ist gekränkt, wenn jemand nicht schön findet, was wir als schön preisen. Noch immer verfolgt man den Andersdenkenden, noch immer will man dem anderen seine Meinung aufnötigen, arme Heiden bekehren, um sie vor der Hölle, die unzweifelhaft auf sie wartet, zu bewahren, ja man hat sogar eine bodenlose Angst, mit seiner Überzeugung allein zu stehen.

Die seelische Gleichheit aller Menschen ist eine stillschweigende Voraussetzung, eine schlechthin vorhandene Tatsache, welche von der ursprünglichen Unbewusstheit des Individuums herrührt. In der menschlichen Urwelt gab es anstatt eines Individualbewusstseins etwas wie eine Kollektivseele, aus welcher erst auf höheren Entwicklungsstufen allmählich das Einzelbewusstsein auftauchte. Unerlässliche Bedingung für das Dasein des individuellen Bewusstseins ist seine Verschiedenheit von anderem Bewusstsein. Man könnte den seelischen Entwicklungsprozess daher mit einer Rakete vergleichen, die sich in eine Garbe verschiedenfarbiger Sterne auflöst.

Die Psychologie ist als empirische Wissenschaft allerjüngsten Datums. Sie ist noch keine fünfzig Jahre alt und liegt darum noch in den Windeln. Die bis dahin geltende Voraussetzung der Gleichheit hat ein früheres Zustandekommen verhindert. An dieser Tatsache kann man ermessen, wie jung die Bewusstseinsdifferenzierung überhaupt ist. Sie ist eben erst mühsam aus dem Urschlaf herausgekrochen, um schwerfällig und ungeschickt ihres eigenen Vorhandenseins bewusst zu werden. Dass wir irgendwie auf irgendeiner Höhe wären, ist wohl ein Wahn. Unser Gegenwartsbewusstsein ist ein bloßes Kind, das erst anfängt, »ich« zu sagen.

Zu erkennen, in welch unerhörtem Maße menschliche Seelen voneinander verschieden sind, war mir eines der größten Erlebnisse meines Lebens. Wäre die kollektive Gleichheit nicht Urtatsache, Ursprung und Mutter aller Individualseelen, so wäre sie eine gigantische Illusion. Aber sie besteht trotz aller individuellen Bewusstheit unerschütterlich weiter als das *kollektive Unbewusste,* dem Meere vergleichbar, auf welchem das Ichbewusstsein schwimmt wie ein Schiff. Darum ist auch nichts von der seelischen Urwelt verschwunden. Wie das Meer mit breiten Zungen zwischen die Kontinente greift und sie wie Inseln umfließt, so umdrängt ursprüngliche Unbewusstheit unser einzelnes Bewusstsein. In der Katastrophe der Geisteskrankheit brandet das Urmeer an der Insel empor mit stürmischer Springflut und schluckt die eben Entstandene wieder ein. Bei nervösen Störungen werden wenigstens Dämme durchbrochen und fruchtbare Landstriche durch Überschwemmungen verwüstet. Neurotische sind allesamt Küstenbewohner, den Gefahren des Meeres am nächsten. Die sogenannten Normalen wohnen im Lande drin, auf höherem, trockenem Boden, an harmlosen Seen und Flüsschen. Keine noch so hohe Flut erreicht sie, das Meer ist so weit weg, dass man sogar sein Vorhandensein leugnet. Ja, man kann derart mit seinem Ich identisch werden, dass das Allverbindende der Menschheit einem entschwindet, und dass einer sich gegen den andern setzt. Was ja leicht geschehen kann, denn nie will einer so ganz wie der andere. Für den primitiven Egoismus aber steht es fest, dass nie *ich,* sondern stets *der andere* »muss«.

Das einzelne Bewusstsein ist vom bedrohlichen Meer des Unbewussten umgeben. Es ist nur *scheinbar* sicher und verlässlich, in Wirklichkeit aber ist es eine zerbrechliche, auf schwankenden Grundlagen ruhende Sache. Es braucht unter Umständen bloß einen starken Affekt, um die Gleichgewichtslage des Bewusstseins aufs Empfindlichste zu stören. Die Sprache deutet es an: Man »gerät außer sich« vor Wut, er »vergaß sich völlig«, man »kannte ihn nicht mehr«, er ist »wie vom Teufel geritten«, man möchte »aus der Haut fahren«, es gibt Dinge, die einen »verrückt machen«, man »weiß nicht mehr, was man tut« usw. Alle diese geläufigen Phrasen zeigen, wie leicht ein Affekt das Ichbewusstsein erschüttert. Solche Störungen durch Affekte sind beileibe nicht nur akut, sondern auch chronisch und können dauernde Veränderungen des Bewusstseins herbeiführen. Infolge seelischer Erschütterungen können ganze Seiten unseres Wesens wieder ins Unbewusste untertauchen und auf Jahre und Jahrzehnte hinaus von der Bildfläche des Bewusstseins verschwinden. Sogar bleibende Charakterveränderungen können dadurch entstehen. Man sagt darum ganz richtig: Seit dem und dem Erlebnis »ist er ein anderer geworden«. Solche Dinge geschehen nicht nur etwa dem erblich Belasteten oder Nervösen, sondern auch dem sogenannten

Normalen. Die durch Affekte veranlassten Störungen nennt man technisch *Dissoziations-* oder *Spaltungserscheinungen.* In seelischen Konflikten offenbaren sich solche Risse, welche die erschütterte Struktur des Bewusstseins mit Zerfall bedrohen.

Auch der Bewohner des Landesinnern, der Normalwelt, welcher des Meeres vergaß, lebt nicht auf sicherem Boden, sondern auf brüchiger Scholle, wo jederzeit, durch kontinentale Spalten aufrauschend, das Meer zertrennend einströmen kann. Diese Gefahr kennt der Primitive nicht nur aus dem Leben seines Stammes, sondern auch aus seiner eigenen Psychologie, den »perils of the soul«, den Gefahren der Seele, wie sie technisch bezeichnet werden. Es sind dies der sogenannte *Seelenverlust* und die *Besessenheit.* Beides sind Spaltungserscheinungen. In ersterem Fall ist ihm, wie er sagt, eine Seele abgewandert, und in letzterem ist ihm unangenehmerweise eine zugewandert. Gewiss klingt diese Formulierung fremdartig, sie beschreibt aber ziemlich genau jene Symptome, die wir heutzutage als Dissoziationsphänomene oder als schizoide Zustände bezeichnen. Diese Erscheinungen sind keineswegs schlechthin krankhafte Symptome, sondern ereignen sich auch in der Breite des Normalen. Es sind dort Wandlungen des Allgemeingefühls, irrationale Stimmungsumschläge, unberechenbare Affekte, plötzliche Unlust, seelische Ermattung und dergleichen mehr. Sogar die schizoiden Phänomene, welche der primitiven Besessenheit entsprechen, kann man auch im Bereich des sogenannten Normalmenschen beobachten. Auch er ist nicht gefeit gegen den Dämon der Leidenschaft, auch er steht der Besessenheit durch eine Verliebtheit, ein Laster, eine einseitige Überzeugung offen, lauter Dinge, die einen tiefen Graben zwischen ihm und seinem Nächsten aufreißen und eine qualvolle Zerspaltung seiner eigenen Seele erzeugen.

Zerspaltung der Seele empfindet der Primitive immer als ungehörig und krankhaft, genau wie wir. Nur nennen wir's Konflikt, Nervosität und Geisteskrankheit. Nicht zu Unrecht hat der biblische Schöpfungsbericht eine unzerteilte Harmonie von Pflanze,

Tier, Mensch und Gott im Symbol des Paradieses an den Anfang alles seelischen Werdens gesetzt und jene erste Bewusstwerdung – »Ihr werdet sein wie Gott und wissen, was gut und böse ist« – als fatale Sünde erklärt. Denn als Sünde muss es dem naiven Geiste erscheinen, das Gesetz der heiligen urnächtlichen Einheit des Allbewusstseins zu brechen. Es *ist* die luziferische Empörung des Einzelnen gegen das Eine. Es *ist* ein feindseliger Akt des Disharmonischen gegen das Harmonische, es *ist* eine Geschiedenheit gegen die Allverbundenheit. Und darum heißt es in der Verfluchung: »Und ich will Feindschaft setzen zwischen dir und dem Weibe, und zwischen deinem Samen und ihrem Samen. Dieser soll dir den Kopf zertreten, und du wirst ihn in die Ferse stechen.« (1 Mose 3,15)

Und doch war die Erringung des Bewusstseins die köstlichste Frucht am Lebensbaume, die magische Waffe, welche dem Menschen den Sieg über die Erde gab, und von der wir hoffen, dass sie ihm noch den größeren Sieg über sich selber ermöglichen werde.

Die Tatsache, dass individuelles Bewusstsein Trennung und Feindschaft bedeutet, hat die Menschheit unzählige Male im Einzelnen sowohl wie im Ganzen erlebt. Und wie beim Individuum die Zeit der Spaltung eine Zeit der Krankheit ist, so ist sie es auch im Leben der Völker. Wir werden kaum noch leugnen können, dass auch unsere Gegenwart eine solche Zeit der Spaltung und Krankheit ist. Die politischen und sozialen Zustände, die religiöse und philosophische Zersplitterung, die moderne Kunst und die moderne Psychologie, alle künden in dieser Hinsicht einerlei Meinung. Und ist es irgendeinem, der auch nur mit einer Spur menschlichen Verantwortungsgefühls begabt ist, irgendwie wohl dabei? Wenn wir ehrlich sind, so müssen wir gestehen, dass es in dieser Gegenwartswelt keinem mehr ganz behaglich ist; es wird sogar zunehmend unbehaglich. Krisis ist auch ein *ärztlicher* Ausdruck, der stets einen gefährlichen Krankheitsgipfel bezeichnet.

Der Keim der Spaltungskrankheit senkte sich mit der Bewusstwerdung in die Seele der Menschheit, höchstes Gut und größtes Übel zugleich. Es ist schwer, die Gegenwart, in der man unmittelbar lebt, zu beurteilen. Greifen wir aber auf die geistige Krankheitsgeschichte der Menschheit zurück, so begegnen wir früheren Anfällen, die wir besser überblicken können. Einer der schwersten Fälle war die römische Weltkrankheit der ersten nachchristlichen Jahrhunderte. Das Dissoziationsphänomen zeigte sich in einer beispiellosen Zerklüftung der politischen und sozialen Zustände, der religiösen und philosophischen Überzeugungen und in einem deplorablen Niedergang der Künste und Wissenschaften. Reduzieren wir die damalige Menschheit auf einen einzelnen Menschen, so haben wir eine in jeder Beziehung hochdifferenzierte Persönlichkeit vor uns, die zunächst mit überlegener Selbstsicherheit sich ihrer Umgebung bemächtigt hat, nun aber nach errungenem Erfolg sich in soundso viele Einzelokkupationen und -interessen aufsplittert und darob ihre eigene Herkunft und Tradition und sogar ihr eigenes Gedächtnis dermaßen vergisst, dass es ihr scheint, sie sei dies oder das, und dadurch in einen unheilvollen Konflikt mit sich selbst gerät. Der Konflikt führt schließlich zu einem solchen Schwächezustand, dass die früher beherrschte Umwelt verheerend einbricht und den Zerstörungsprozess vollendet.

Durch jahrzehntelange Beschäftigung mit dem Wesen der Seele hat sich bei mir sowohl wie bei anderen Forschern auf diesem Gebiete der Grundsatz herausgebildet, ein seelisches Phänomen niemals nur von der einen Seite, sondern auch von der anderen anzusehen. Weitläufige Erfahrung zeigt nämlich, dass alle Dinge zum mindesten zwei Seiten haben, bisweilen sogar noch einige mehr. Disraelis Maxime, die unwichtigen Dinge als nicht so unwichtig und die wichtigen als nicht zu wichtig zu nehmen, ist eine andere Formulierung der gleichen Wahrheit. Eine dritte Version wäre die Hypothese, dass jede seelische Erscheinung innerlich durch ihr Gegenteil kompensiert sei – sprichwörtlich ausgedrückt: »Les extrêmes se touchent«, oder: »Es ist kein Unglück so groß, dass nicht auch ein Glück dabei wäre.«

So ist auch die Spaltungskrankheit einer Welt zugleich ein Gesundungsprozess oder besser noch der Höhepunkt einer Schwangerschaft, der Geburtswehen bedeutet. Eine Zeit der Zerspaltung wie die des Imperium Romanum ist zugleich eine Epoche der Geburt. Nicht sinnloserweise datieren wir unsere Ära vom Zeitalter des Augustus Caesar, denn in seine Epoche fällt die Geburt jener symbolischen Gestalt des Christus, welcher von den alten Christen als *Fisch,* nämlich als Herr des eben begonnenen Weltmonates der Fische, angerufen wurde und zum führenden Geist eines zweitausendjährigen Zeitalters emporstieg.[3] Sozusagen dem Meere entstieg er, wie der sagenhafte Weisheitslehrer der Babylonier, Oannes, als die Urnacht emporschwoll und eine Weltzeit zum Bersten brachte. Er sagte zwar: »Ich bin nicht gekommen, den Frieden zu bringen, sondern das Schwert.«[4] Aber was Spaltung bringt, erzeugt Verbundenheit. Deshalb war seine Lehre die der allverbindenden Liebe.

Wir sind durch unsere Entfernung in der Zeit in der vorteilhaften Lage, dieses historische Bild in aller Klarheit zu sehen. Hätten wir aber in jenen Tagen gelebt, wo es entstand, so hätten wir vermutlich zu denen gehört, die es übersehen haben. Damals war das Evangelium, die frohe Botschaft, nur wenigen und Unbekannten bewusst, die Oberfläche der Welt war von Politik, Wirtschaftsfragen und Sport erfüllt. Die religiöse und philosophische Sphäre mühte sich um die Assimilation der Geistesschätze, die aus dem eben eroberten Nahen Osten in die römische Welt einströmten. Wenige achteten des Senfkorns, das zum großen Baum werden sollte.

Die klassische chinesische Philosophie kennt zwei gegensätzliche Weltprinzipien, das helle Yang und das dunkle Yin. Von diesen sagt sie, dass immer wenn das eine Prinzip den Höhepunkt seiner Macht erreiche, das Gegenprinzip in ihm wie ein Keim er-

3 Vgl. Jung, Aion, 1. Teil.
4 Mt 10,34.

wache. Dies ist wiederum eine besonders anschauliche Formulierung des psychologischen Grundsatzes der Kompensation durch das innere Gegenteil. Wenn eine Kultur ihren Höhepunkt erreicht, tritt früher oder später die Epoche der Zerspaltung ein. Die scheinbar sinn- und hoffnungslose Auflösung in unzusammenhängendes, richtungsloses Vielerlei, das einen mit Ekel und Verzweiflung erfüllen könnte, enthält aber in seinem dunklen Inneren den Keim eines neuen Lichtes.

Kehren wir auf einen Augenblick zurück zu unserem vorigen Versuch, aus dem Ganzen der antiken Zerfallszeit einen einzelnen Menschen zu konstruieren. Ich versuchte, Ihnen zu zeigen, wie er psychologisch zerfällt, wie er in fataler Schwächeanwandlung die Herrschaft über die Umweltbedingungen verliert und schließlich der Zerstörung zum Opfer fällt. Nehmen wir an, dieser Mann komme zu mir in die Sprechstunde. Ich würde folgende Diagnose stellen: »Sie leiden an Überanstrengung infolge Vielgeschäftigkeit und maßloser Extraversion. In der Massenhaftigkeit und Kompliziertheit Ihrer geschäftlichen, persönlichen und menschlichen Verpflichtungen haben Sie den Kopf verloren. Sie sind eine Art von Ivar Kreuger,[5] der ein charakteristischer Vertreter moderneuropäischen Geistes ist. Sie müssen einsehen, Verehrtester, dass Sie richtig auf den Hund gekommen sind.«

Diese Einsicht ist praktisch besonders wichtig, denn die Patienten haben sowieso die Neigung, in verderblichster Weise mit den alten Methoden, die sich schon hinlänglich als untauglich erwiesen haben, weiterzuwursteln und damit ihre Lage nur zu verschlimmern. Zu warten nützt nichts. Darum erhebt sich unmittelbar die Frage, was tun?

Unser Patient ist ein intelligenter Mensch; er hat alle Tränklein der Medizin, die guten und die bösen, alle Diäten und alle Ratschläge aller klugen Leute schon versucht; deshalb müssen wir mit

[5] Schwedischer »Zündholzkönig« (1880–1932), der nach finanziellem Zusammenbruch Selbstmord beging.

ihm verfahren wie Till Eulenspiegel, der immer lachte, wenn's bergauf ging, und weinte, wenn's bergab ging, ganz im Gegensatz zum sogenannten gesunden Menschenverstand. In seinem Narrenkleid steckte aber bekanntlich ein Weiser, der beim Bergaufgehen sich auf den kommenden Abstieg freute. Weisheit und Narrheit liegen ja so freundlich-gefährlich beisammen!

Wir müssen unseren Patienten dorthin richten, wo das Eine, Allverbindende in ihm entsteht, wo jene schöpferische Geburt stattfindet, welche »die Mutter bricht« und in tiefstem Sinne Ursache aller Oberflächenzerspaltung ist. Nicht eine Kultur *zerfällt,* sondern sie *gebiert.* Es hätte in jenen ersten Jahrzehnten unserer Zeitrechnung ein Einsichtiger inmitten der politisierenden, spekulierenden, cäsarenwahnsinnigen und zirkustrunkenen römischen Weltstadt mit unerschütterlicher Sicherheit ausrufen können: »Schon ist der *eine* Keim einer kommenden Weltzeit im Dunkeln hinter all dieser ziellosen Verwirrung geboren, der Same jenes Baumes, der mit *einer* Überzeugung, *einer* Kultur und *einer* Sprache die Völker von der westlichsten Thule bis nach Polen und vom nördlichen Bergen bis nach Sizilien überschatten wird.« Denn das ist psychologisches Gesetz.

Mein Patient wird mir, aller Voraussicht nach, kein Wort davon glauben. Zum mindesten will er's selber erfahren haben. Und damit beginnen die Schwierigkeiten, denn das Kompensierende, das Neue und andere beginnt immer und ausgerechnet dort, wo man's am wenigsten vermuten würde, wo es auch objektiv am allerunplausibelsten ist. Nehmen wir nun an, dass unser Patient kein bloß konstruierter Extrakt einer ganzen Kultur, sondern ein leibhaftiger Mensch unserer Tage sei, welchem das Unglück zugestoßen ist, ein besonders typischer Vertreter moderner europäischer Kultur zu sein, so werden wir finden, dass unsere Kompensationstheorie ihm so gut wie nichts sagt. Er leidet vor allem am Alles-schon-besser-Wissen, und es gibt schlechterdings nichts, was nicht irgendwo schon richtig klassifiziert wäre; und was seine Seele anbetrifft, so ist sie wesentlich seine eigene Erfindung, seine eigene Willkür und gehorcht ausschließlich seiner Vernunft, und wo sie es dennoch nicht tut, nämlich wo er psychische Symptome, wie Angstzustände, Zwangsvorstellungen und dergleichen hat, da handelt es sich um klinisch feststellbare Krankheiten mit durchaus plausiblen, wissenschaftlichen Namen. Seelisches als nicht weiter zu reduzierendes Urerlebnis kennt er überhaupt nicht, und weiß nicht, wovon ich rede, meint aber, er verstünde es ganz richtig und schreibt sogar Artikel und Bücher darüber, wo er über »Psychologismus« jammert.

Diesem Geisteszustand, der hinter dicksten Mauern von Büchern, Zeitungen, Meinungen, Institutionen und Berufen verschanzt ist, kann niemand unmittelbar beikommen – am allerwenigsten jener eine Keim des Neuen und Allverbindenden, denn er ist klein, so klein und lächerlich, dass er vor Bescheidenheit lieber gleich den Geist aufgäbe. Und wohin müssen wir unseren Patienten führen, um ihm wenigstens einen Schimmer einer Ahnung von etwas anderem, das seine ihm nur zu bekannte Allerwelts-Welt aufwiegen könnte, zu geben? Wir müssen ihn, auf weiten Umwegen bisweilen, an eine dunkle, lächerlich unansehnliche, ganz belanglose und ungültige Stelle seiner Seele führen, auf einem längst erledigten Weg zur längst erkannten Illusion, von der alle Welt weiß, dass sie »nichts ist als ...«. Jene Stelle heißt der *Traum,* dieses flüchtig hinschwebende, groteske Gebilde der Nacht, und der Weg heißt: das *Verstehen der Träume.*

Mit faustischer Empörung ruft mein Patient aus:

Mir widersteht das tolle Zauberwesen!
Versprichst du mir, ich soll genesen
In diesem Wust von Raserei?
Verlang ich Rat von einem alten Weibe?
...
Weh mir, wenn du nichts Bess're weißt![6]

[6] Goethe, Faust, 1. Teil, Hexenküche.

»Haben Sie nicht das und jenes probiert? Haben Sie nicht übrigens selber festgestellt, dass alle Ihre Versuche Sie im Kreise herum wieder in den Wirrwarr Ihrer Gegenwart geführt haben?« So werde ich ihn fragen. »Also woher werden Sie jenen Gesichtspunkt beziehen, wenn er in Ihrer Welt nirgends angetroffen werden kann?«

Hier murmelt Mephistopheles beifällig: »So muss denn doch die Hexe dran«, womit er in seiner ihm eigenen, teuflischen Art das alte »heilig-öffentlich Geheimnis«, dass der Traum inneres Gesicht sei, verdreht. Der Traum ist die kleine verborgene Türe im Innersten und Intimsten der Seele, welche sich in jene kosmische Urnacht öffnet, die Seele war, als es noch längst kein Ichbewusstsein gab, und welche Seele sein wird, weit über das hinaus, was ein Ichbewusstsein je wird erreichen können. Denn alles Ichbewusstsein ist vereinzelt, erkennt Einzelnes, indem es trennt und unterscheidet, und gesehen wird nur, was sich auf dieses Ich beziehen kann. Das Ichbewusstsein besteht aus lauter Einschränkungen, auch wenn es an die fernsten Sternnebel reicht. Alles Bewusstsein trennt; im Traume aber treten wir in den tieferen, allgemeineren, wahreren, ewigeren Menschen ein, der noch im Dämmer der anfänglichen Nacht steht, wo er noch das Ganze, und das Ganze in ihm war, in der unterschiedslosen, aller Ichhaftigkeit baren Natur.

Aus dieser allverbindenden Tiefe stammt der Traum, und sei er noch so kindisch, noch so grotesk, noch so unmoralisch. Er ist von einer blumenhaften Unbefangenheit und Wahrhaftigkeit, die unsere autobiographische Lügenhaftigkeit erröten macht. Kein Wunder daher, dass in allen älteren Kulturen der eindrucksvolle Traum als eine Botschaft der Götter galt! Es war unserem Rationalismus vorbehalten, den Traum aus »Tagesresten«, das heißt aus Brocken zu erklären, welche von der reich besetzten Tafel unseres Bewusstseins in die Unterwelt hinunterfielen. Wie wenn diese dunkle Tiefe nichts anderes wäre als ein leerer Sack, in dem nie mehr ist, als von oben hineingefallen ist. Warum vergisst man stets, dass es nichts Gewaltiges und Schönes im weiten Bereich menschlicher Kultur gibt, das nicht ursprünglich dem glücklichen Einfall entstammt? Was würde aus der Menschheit, wenn niemand mehr Einfälle hätte? Weit eher wahrlich ist das Bewusstsein jener Sack, in dem nie mehr drin ist, als was ihm »eingefallen« ist. Wir ermessen nie mehr, wie sehr wir von Einfällen abhängen, als wenn uns peinlicherweise nichts einfallen will. Der Traum ist nichts anderes als ein Einfall jener allverbindenden, dunklen Seele. Was wäre darum natürlicher, wenn wir uns in die endlosen Einzelheiten und Vereinzelungen der Weltoberfläche verirrt haben, als dass wir beim Traume anklopften, um bei ihm jene Gesichtspunkte zu erfragen, welche uns den Grundtatsachen des Menschseins wieder näher rücken könnten?

Aber da stoßen wir an die hartnäckigsten Vorurteile: »Träume sind Schäume«, keine Realitäten, sie lügen, es sind bloße Wunscherfüllungen; lauter Ausflüchte, um den Traum nicht ernst nehmen zu müssen, denn das wäre unbequem. Die geistige Hybris des Bewusstseins liebt eben die Vereinzelung trotz aller Unzuträglichkeiten, darum ist man abgeneigt, der Wahrheit des Traumes Wirklichkeit zuzugestehen. Es gibt Heilige, die sehr wüste Träume haben. Wie stünde es mit ihrer Heiligkeit, die sie so weit über den Menschenpöbel emporhebt, wenn die Obszönität des Traumes eine wahre Wirklichkeit wäre? Aber eben gerade die unangenehmsten Träume könnten uns am meisten der blutsverwandten Menschheit annähern und aufs Wirksamste den Hochmut der Instinktlosigkeit dämpfen. Wenn auch eine ganze Welt aus den Fugen geht, so kann doch jene Allverbundenheit der dunkeln Seele nie in Stücke brechen. Und je weiter und zahlreicher die Spaltungen der Oberfläche werden, desto mehr wächst in der Tiefe die Kraft des Einen.

Allerdings ist niemand, der es nicht erfahren hat, davon überzeugt, dass es außerhalb des Bewusstseins noch irgendeine selbstständige seelische Tätigkeit im Menschen geben könnte, ganz besonders nicht eine Tätigkeit, welche nicht nur in mir, sondern zugleich in allen stattfindet. Aber wenn man die Psychologie der modernen Kunst mit den Ergebnissen der Psychologie und diese wiederum mit der Mythologie und Philosophie anderer Völker vergleicht, so findet man unwiderlegliche Beweise für die Existenz dieses kollektiven, unbewussten Faktors.

Unser Patient ist aber dermaßen daran gewöhnt, seine Seele nur als eine Willkürlichkeit zu betrachten und zu handhaben, dass er mir entgegnen wird, er hätte es noch nie gesehen, dass seinen seelischen Vorgängen irgendwelche Objektivität innewohne. Sie seien im Gegenteil das Allersubjektivste, was man sich denken könne. Darauf antworte ich ihm: »Dann können Sie ja Ihre Angstzustände und Zwangsvorstellungen sofort verschwinden lassen. Schlechte Launen, von denen Sie wimmeln, gibt es nicht mehr. Sie müssen nur das Zauberwort sprechen.«

Natürlich hat er in seiner modernen Naivität gar nicht gemerkt, dass er von seinen krankhaften Zuständen so besessen ist wie irgendein Besessener des schwärzesten Mittelalters. Der Unterschied ist gleichgültig, damals nannte man's Teufel, heute nennt man's Neurose. Die Sache ist dieselbe; es ist die gleiche uralte Erfahrung: Ein objektives Psychisches, ein Fremdes, nicht zu Bewältigendes steht unverrückbar mitten in unserer Willkürherrschaft drin. Es geht uns damit wie dem Proktophantasmisten im »Faust«:

> Ihr seid noch immer da! nein, das ist unerhört.
> Verschwindet doch! Wir haben ja aufgeklärt! –
> Das Teufelspack, es fragt nach keiner Regel.
> Wir sind so klug, und dennoch spukt's in Tegel.[7]

Kann sich unser Patient dieser Logik unterwerfen, so ist damit vieles gewonnen. Der Weg zum Erlebnis der Seele ist frei. Aber er ist zunächst ungangbar, denn schon lauert ein anderes Vorurteil: Zugegeben, man erfahre eine seelische Macht, die sich unserer Willkür entzieht, ein sogenannt Objektiv-Psychisches; das ist aber

[7] Goethe, Faust, 1. Teil, Walpurgisnacht.

doch nichts anderes als eben bloß Psychologisches, das heißt menschlich Unzulängliches, Unzuverlässiges, Verworrenes.

Es ist unglaublich, wie sich die Menschen in Wörtern fangen können. Immer meinen sie, mit einem Namen sei auch eine Sache gesetzt, wie wenn man dem Teufel einen seriösen Tort angetan hätte, dass man ihn jetzt Neurose nennt! Diese rührende Kindlichkeit ist auch noch ein Überbleibsel von Anno dazumal, als man nämlich noch mit Zauberworten operierte. Das was hinter Teufel oder Neurose steckt, kümmert sich sicher nicht drum, wie man's nennt. Wir wissen ja gar nicht, was Psyche ist. Wir nennen das Unbewusste bloß darum so, weil uns unbewusst ist, was es ist. Wir wissen es so wenig, wie der Physiker weiß, was Stoff ist. Er hat bloß Theorien darüber, das heißt Anschauungen, Bilder mit einem Wort. Eine Zeitlang nimmt man an, dass sie passen, dann stürzt mit einer neuen Entdeckung die ganze Anschauung wieder um – kränkt das etwa den Stoff? Oder ist dadurch die Wirklichkeit des Stoffes irgendwie gemindert?

Wir wissen schlechterdings nicht, was uns in diesem fremdartigen Störungsfaktor, den wir wissenschaftlich als das *Unbewusste* oder das *Objektiv-Psychische* bezeichnen, entgegentritt. Man hat es mit einem Anschein von Berechtigung als Sexualinstinkt oder als Geltungstrieb gekennzeichnet. Damit reicht man aber an die eigentliche Bedeutung der Sache nicht heran. Denn was steckt hinter diesen Trieben, die doch gewiss nicht das Ende der Welt, sondern bloß eine Verstandesbeschränkung darstellen? Das Feld ist jeder Deutung freigegeben. Man kann das Unbewusste auch als eine Äußerung des Lebenstriebes überhaupt auffassen und die lebenschaffende und -erhaltende Kraft in Beziehung zu Bergsons Begriff des »élan vital« oder sogar zu dem der »durée créatrice« setzen. Eine andere Parallele wäre der Schopenhauer'sche »Wille«. Ich kenne Leute, welche die fremde Macht in der eigenen Seele als etwas Göttliches empfinden; dies aus dem einfachen Grunde, weil sie auf diesem Wege zum Verständnis des religiösen Erlebnisses gekommen sind.

Ich gebe gerne zu, dass ich die Enttäuschung meines Patienten oder meines Publikums ob des paradoxen Hinweises auf den Traum als eine Informationsquelle in der Konfusion der modernen Geisteslage ohne Weiteres begreife. Nichts ist natürlicher, als dass man einen solchen Hinweis zunächst als völlig lächerlich empfindet. Was sollte der Traum, dieses Subjektivste und Nichtigste in einer Welt, die von überwältigenden Realitäten nur so überfließt? Gegen Wirklichkeiten müssen doch ebenso handgreifliche andere Wirklichkeiten gesetzt werden, und nicht subjektive Träume, welche nichts bewirken als etwa schlechten Schlaf oder üble Launen. Gewiss, mit Träumen baut man keine Häuser, zahlt keine Steuern, gewinnt keine Schlacht und behebt die Weltkrise nicht. Und darum will mein Patient, wie alle anderen Leute auch, von mir hören, was man gegen die unleidliche Situation tun kann, und zwar mit vernünftigen Mitteln, welche der Lage angemessen sind. Das Unglück ist nur, dass alle Mittel, die angemessen scheinen, entweder schon erfolglos ausprobiert sind oder in praktisch unmöglichen Wunschphantasien bestehen. Diese Mittel sind aber alle im Sinne der jeweiligen Lage ausgewählt worden. Hat zum Beispiel jemand sein Geschäft in eine gefährliche Lage hineinmanövriert, so denkt er selbstverständlich darüber nach, wie er ihm wieder auf die Beine helfen könnte, und zwar mit all den Mitteln, mit denen man ein krankes Geschäft wieder kuriert. Was wird aber, wenn alle diese Mittel erschöpft sind, wenn sie im Gegensatz zu aller vernünftigen Erwartung die ohnehin peinliche Lage noch mehr ins Rutschen bringen? In einem solchen Fall muss man notgedrungenerweise die Anwendung sogenannter vernünftiger Mittel so schnell wie möglich aufgeben.

Mein Patient, und vielleicht auch unsere Zeit, ist in solcher Lage. Er wird mich ängstlich fragen: »Was kann ich tun?« Und ich muss ihm antworten: »Das weiß ich auch nicht.« »Dann gibt es also keine Rettung?« Worauf ich ihm antworte: »Die Menschheit war im Laufe ihres Werdeprozesses unzählige Male in solche Sackgassen verrannt, wo niemand Rat wusste, weil alle damit beschäftigt waren, innerhalb ihrer Situation kluge Pläne auszuhecken. Keiner hatte den Mut, anzuerkennen, dass man sich überhaupt verrannt hatte. Und dann ging's plötzlich auf irgendeine Art doch wieder, so dass dieselbe alte Menschheit doch immer noch existiert, allerdings anders als zuvor.«

Wenn wir die Menschheitsgeschichte betrachten, so sehen wir nur die alleräußerste Oberfläche der Ereignisse, und diese verzerrt im trüben Spiegel der Tradition. Was aber *eigentlich* geschehen ist, das entzieht sich dem forschenden Blick des Historikers, denn das eigentliche geschichtliche Geschehen ist tief verborgen, von allen gelebt und von niemand beachtet. Es ist privatestes, subjektivstes seelisches Leben und Erleben. Kriege, Dynastien, soziale Umwälzungen, Eroberungen, Religionen sind die alleroberflächlichsten Symptome einer geheimen seelischen Grundhaltung des Einzelnen, ihm selber unbewusst und darum von keinem Geschichtsschreiber überliefert; Religionsstifter sind vielleicht noch am aufschlussreichsten. Die großen Ereignisse der Weltgeschichte sind, im Grunde genommen, von tiefster Belanglosigkeit. Wesentlich ist in letzter Linie nur das subjektive Leben des Einzelnen. Dieses allein macht Geschichte, in ihm allein finden alle großen Wandlungen zuerst statt, und alle Zukunft und alle Weltgeschichte stammen als ungeheure Summation doch zuletzt aus diesen verborgenen Quellen der Einzelnen. Wir sind in unserem privatesten und subjektivsten Leben nicht nur die Erleider, sondern auch die Macher einer Zeit. Unsere Zeit – das sind wir!

Wenn ich also meinem Patienten rate: »Achten Sie auf Ihre Träume«, so meine ich damit: »Kehren Sie zurück zu Ihrem Allersubjektivsten, zur Quelle Ihrer Existenz und Ihres Daseins, zu jenem Punkt, wo Sie Weltgeschichte machen, ohne es zu merken. Ihre anscheinend unlösbare Schwierigkeit muss offenbar unlösbar sein, damit Sie nicht weiter sich dafür aufreiben und Heilmittel ersinnen, von deren Unwirksamkeit man von vornherein überzeugt ist. Ihre Träume sind Ausdruck Ihres subjektiven Wesens und können Ihnen darum zeigen, durch welche falsche Einstellung Sie sich in diese Sackgasse verrannt haben.«

Tatsächlich sind Träume unparteiische, der Willkür des Bewusstseins entzogene, spontane Produkte der unbewussten Seele. Sie sind reine Natur und deshalb von unverfälschter, natürlicher Wahrheit, daher wie nichts anderes geeignet, uns dann eine dem menschlichen Grundwesen entsprechende Haltung wiederzugeben, wenn sich unser Bewusstsein zu weit von seiner Grundlage entfernt und in einer Unmöglichkeit festgefahren hat.

Die Beschäftigung mit den Träumen ist eine Art von *Selbstbesinnung*. Wobei aber nicht das Ichbewusstsein sich auf sich selbst besinnt, sondern es beschäftigt sich mit der objektiven Gegebenheit des Traumes als einer Mitteilung oder Botschaft der unbewussten, all-einen Menschheitsseele. Man besinnt sich wohl auf sich selbst, aber nicht auf das *Ich*, sondern auf jenes fremde *Selbst*, das uns ureigen, ja unser Stamm ist, aus dem das Ich einst wuchs. Es ist uns fremd, weil wir durch die Verirrung des Bewusstseins uns ihm entfremdeten.

Wenn man auch vielleicht der allgemeinen Idee beistimmt, dass Träume nicht willkürliche Erfindung, sondern ein natürliches Erzeugnis der unbewussten Seelentätigkeit seien, so wird einem doch, angesichts der *wirklichen* Träume, der Mut entfallen, in ihnen eine Botschaft von irgendwelcher Tragweite zu sehen. Traumdeuterei ist eine der Disziplinen der Hexerei und gehört daher zu den von der Kirche verfolgten schwarzen Künsten. Auch wenn wir Menschen des 20. Jahrhunderts in dieser Hinsicht etwas freisinniger denken, so haftet dem Gedanken der Traumdeutung doch noch allzu viel historisches Vorurteil an, als dass man sich mit ihm ohne Weiteres befreunden könnte. Gibt es überhaupt – so wird man sich fragen – eine zuverlässige Methode der Traumdeutung? Man kann sich doch nicht irgendwelchen Spekulationen anvertrauen? Ich teile diese Bedenken in vollem Maße, und ich bin sogar überzeugt, dass es keine absolut zuverlässige Methode der Deutung gibt. Absolute Zuverlässigkeit in der Deutung von Naturgegebenheiten gibt es überhaupt nur innerhalb der engsten Grenzen, wo nämlich nie mehr dabei herauskommt, als man hineingesteckt hat. Unsere gesamte Naturerklärung ist ein Wagnis. Methoden entstehen erst lange nachdem die Pionierarbeit geleistet ist. Man weiß zwar, dass Freud ein Buch über Traumdeutung geschrieben hat, aber für seine Deutung gilt das vorhin Gesagte: bei seinen Deutungen kommt nie mehr heraus, als was nach seiner Theorie im Traum drin stehen darf. Diese Auffassung ist natürlich der schrankenlosen Freiheit des Traumlebens nirgends gewachsen, weshalb sie den Traumsinn auch mehr verdunkelt als erleuchtet. Es ist auch schwer zu denken, dass es jemals eine Methode, das heißt einen technisch geregelten Weg, der zu einem untrüglichen Resultat führt, geben könnte, wenn man versucht, von der unendlichen Variabilität der Träume sich eine Vorstellung zu machen. Es ist auch gut, dass es keine gültige Methode gibt, denn sonst wäre der Traumsinn schon im Voraus beschränkt und würde deshalb gerade jene Tugend einbüßen, welche ihn für psychologische Zwecke so besonders wertvoll macht, nämlich seine Fähigkeit, einen neuen Gesichtspunkt zu geben.

Man tut am besten, einen Traum so zu behandeln wie einen gänzlich unbekannten Gegenstand: man besieht ihn von allen Seiten, man nimmt ihn in die Hand, trägt ihn mit sich herum, hat allerhand Phantasien über ihn und spricht von ihm zu andern Leuten. Primitive erzählen darum immer ihre eindrucksvollen Träume, womöglich in öffentlicher Versammlung; welcher Brauch auch noch im späten Altertum beglaubigt ist, denn alle alten Völker maßen dem Traum hohe Bedeutung bei. Bei dieser Behandlung fällt einem dann allerhand zum Traum ein, was bereits in die Nähe des Traumsinnes führt. Die Feststellung des Sinnes ist natürlich – wenn man so sagen darf – eine durchaus willkürliche Angelegenheit, denn hier, bei der Ausdeutung, beginnt das Wagnis. Je nach Erfahrung, Temperament und Geschmack wird man dem Sinne engere oder weitere Grenzen setzen. Manche werden sich mit wenigem begnügen, anderen ist viel noch nicht genug.

Auch wird der Sinn, das heißt die Auslegung des Traumes, in hohem Maße abhängen von der Absicht des Deutenden oder von seiner Erwartung oder seinem Anspruch an Sinn. Die herausgefundene *Be-Deutung* – man achte auf dieses Wort – wird sich unwillkürlich nach gewissen Voraussetzungen richten, und es wird viel von der Gewissenhaftigkeit und Ehrlichkeit des Suchenden abhängen, ob er durch die Auslegung des Traumes etwas gewinnt oder vielleicht nur noch tiefer in seine Irrtümer verstrickt wird. Was die Voraussetzungen anbetrifft, so dürfen wir wohl mit Sicherheit annehmen, dass der Traum keine müßige Erfindung des Bewusstseins, sondern eine natürliche, unbeabsichtigte Erscheinung ist, selbst wenn es sich bewahrheiten sollte, dass Träume durch das Bewusstwerden irgendwie umgestaltet werden. Diese Umgestaltung geschieht auf alle Fälle so rasch und so automatisch, dass sie kaum wahrnehmbar ist. Also dürfen wir sie ruhig noch zur natürlichen Traumfunktion nehmen. Mit ebensolcher Sicherheit dürfen wir annehmen, dass Träume vor allem unserem unbewussten Wesen entstammen und infolgedessen zum mindesten dessen Symptome sind, die einen Rückschluss auf die Beschaffenheit dieses Wesens erlauben. Wenn wir daher unser Wesen erforschen wollen, so sind eben die Träume das geeignete Mittel.

Man muss sich bei der Deutungsarbeit allerhand abergläubischer Voraussetzungen enthalten, so vor allem des Gedankens, dass die in den Träumen vorkommenden Personen zum Beispiel nichts anderes seien als diese selben Personen in der Wirklichkeit. Man darf demgegenüber nie vergessen, dass man in allererster Linie und sozusagen ausschließlich von und aus sich selber träumt. (Für die Ausnahmen gibt es ganz bestimmte Regeln, die ich hier aber nicht erwähnen will.) Wenn wir diese Wahrheit anerkennen, so werden wir dadurch gelegentlich vor sehr interessante Probleme gestellt. Ich erinnere mich an zwei lehrreiche Fälle: Der eine träumte von einem betrunkenen Vagabunden, der im Straßengraben lag, der andere von einer betrunkenen Prostituierten, die sich in der Gosse wälzte. Ersterer war ein Theologe,

Letztere eine distinguierte Dame der großen Gesellschaft, beide empört und entsetzt und durchaus nicht gewillt, zuzugeben, dass man von und aus sich selber träume. Ich gab beiden den wohlwollenden Rat, sich ein Stündchen Selbstbesinnung zu gönnen und fleißig und mit Andacht zu betrachten, wo und inwiefern sie beide nicht viel besser seien als der betrunkene Bruder im Straßengraben und die Schwester Prostituierte in der Gosse. Mit einem solchen Kanonenschuss beginnt oft der subtile Prozess der Selbsterkenntnis. Der »andere«, von dem wir träumen, ist nicht unser Freund und Nachbar, sondern der andere in uns, von dem wir vorzugsweise sagen: »Herr, ich danke dir, dass ich nicht bin wie dieser da.« Gewiss hat der Traum, dieses Naturkind, keine moralisierende Absicht, er stellt bloß das allbekannte Gesetz dar, nach welchem keine Bäume in den Himmel wachsen.

Wenn wir uns dabei noch vergegenwärtigen, dass im Unbewussten all das im Übermaß vorhanden ist, was im Bewussten fehlt, dass das Unbewusste mithin eine kompensatorische Tendenz hat, dann kann man bereits Schlüsse ziehen, vorausgesetzt, dass der Traum aus nicht allzu großen seelischen Tiefen stammt. Handelt es sich aber um einen Traum letzterer Art, so enthält er in der Regel das, was man als *mythologische Motive* bezeichnet, das heißt Vorstellungsverbindungen oder Bilder, wie man sie in der Mythologie des eigenen und fremder Völker antrifft. In diesem Falle enthält der Traum einen sogenannten *Kollektivsinn*, das heißt einen Sinn, der allgemein menschlich ist.

Dies widerspricht nicht meiner früheren Bemerkung, dass wir stets von und aus uns selber träumen. Wir sind auch als Subjekt und Individuum nicht völlig einzigartig, sondern wie alle anderen Menschen. Ein Traum mit Kollektivsinn ist daher in erster Linie für den Träumer gültig, drückt aber zu gleicher Zeit aus, dass sein momentanes Problem auch das anderer Menschen sei. Solche Feststellungen sind oft von großer praktischer Bedeutung, denn es gibt zahllose Menschen, die innerlich gegen die Menschheit isoliert und in der Meinung befangen sind, dass andere Leute solche Probleme wie sie nicht hätten. Oder es handelt sich um allzu Bescheidene, die in »ihres Nichts durchbohrendem Gefühle« ihren Anspruch auf kollektive Leistung zu tief gehalten haben. Überdies hängt jedes Einzelproblem irgendwie mit dem Zeitproblem zusammen, weshalb auch sozusagen jede subjektive Schwierigkeit unter dem Gesichtswinkel der menschlichen Gesamtlage betrachtet werden kann. Dies ist praktisch aber nur dann statthaft, wenn der Traum auch tatsächlich eine mythologische, das heißt eine kollektive Symbolik benützt.

Solche Träume werden von den Primitiven als »große« bezeichnet. Die Primitiven in Ostafrika, die ich beobachtete, nahmen an, dass »große« Träume auch nur von »großen« Menschen, nämlich von Zauberern und Häuptlingen, geträumt werden. Das mag auf primitiver Stufe wahr sein. Bei uns kommen solche Träume aber auch bei einfachen Menschen vor, nämlich dann, wenn sie in einer zu großen geistigen Enge stecken. Es ist ohne Weiteres klar, dass zur Behandlung der sogenannt großen Träume ein bloß intuitives Daranherumraten nicht zum Ziele führt. Hier braucht es ausgedehnte Kenntnisse, wie sie der Spezialist haben sollte. Aber auch mit Kenntnissen allein kann man noch keinen Traum deuten. Diese Kenntnisse dürfen nämlich kein totes Gedächtnismaterial sein, sondern sie müssen die Qualität des Erlebnisses in dem, der sie handhabt, besitzen. Was bedeuten zum Beispiel philosophische Kenntnisse im Kopfe eines Menschen, der nicht auch im Herzen ein Philosoph ist? Wer einen Traum deuten will, der muss selber ungefähr auf der Höhe des Traumes sein, denn man kann schlechterdings in nichts *mehr* sehen, als was man selber ist.

Die Kunst des Träume-deuten-Könnens kann man nicht aus Büchern lernen. Methoden und Regeln sind nur gut, wenn man auch ohne sie gehen kann. Wirkliches Können hat nur der, der's kann, und wirkliches Verständnis nur der Verständige. Niemand, der sich selbst nicht kennt, kann den anderen kennen. Und in jedem von uns ist auch ein anderer, den wir nicht kennen. Er spricht zu uns durch den Traum und teilt uns mit, wie anders *er* uns sieht, als *wir* uns sehen. Wenn wir uns daher in einer unlösbar schwierigen Lage befinden, so kann der fremde Andere uns unter Umständen ein Licht aufstecken, welches wie nichts anderes geeignet ist, unsere Einstellung von Grund auf zu verändern, nämlich eben jene Einstellung, die uns in die schwierige Lage hineingeführt hat.

Je mehr ich mich im Laufe der Jahre in diese Probleme vertieft habe, desto mehr wurde in mir der Eindruck verstärkt, wie krankhaft einseitig unsere moderne Menschenerziehung ist. Gewiss ist es richtig, wenn wir der Jugend Augen und Ohren für die Weite der Welt öffnen, aber dass wir meinen, die jungen Leute seien damit fürs Leben wirklich erzogen, ist ein unerhörter Wahn. Diese Erzogenheit reicht gerade so weit, um jungen Menschen eine äußere Anpassung an die Weltwirklichkeit zu ermöglichen; aber an die Anpassung an das Selbst, an die Mächte der Seele, die doch alles, was es an Großmächten in der Welt gibt, um ein Vielfaches übersteigen, denkt kein Mensch. Wohl gibt es noch ein Erziehungssystem, aber es entstammt zum Teil der Antike, zum Teil dem frühen Mittelalter. Es nennt sich christliche Kirche. Aber die Tatsache lässt sich nicht leugnen, dass das Christentum im Laufe der zwei letzten Jahrhunderte, so gut wie der Konfuzianismus und der Buddhismus in China, einen großen Teil seiner erzieherischen Wirksamkeit eingebüßt hat. Daran ist nicht die Schlechtigkeit der Menschen schuld, sondern die allmähliche und allgemeine geistige Veränderung, deren erstes Symptom bei uns wohl die Reformation war. Damit war die erzieherische Autorität erschüttert und der Abbröckelungsprozess des Autoritätsprinzips überhaupt eingeleitet. Die unausweichliche Folge davon war die Steigerung der Wichtigkeit des Individuums, die sich in den modernen Idealen der Humanität, der sozialen Wohlfahrt und der demokratischen Gleichberechtigung am stärksten ausdrückt. Die ausgesprochen individualistische Tendenz unserer letzten Entwicklung hat zur Folge, dass nunmehr ein *kompensatorischer Rück-*

schlag zum Kollektivmenschen eintritt, dessen Autorität vorderhand noch das Schwergewicht der Masse ist. Kein Wunder daher, dass heutzutage eine Art von Katastrophenstimmung vorherrscht, wie wenn eine Lawine losgetreten wäre, die niemand aufzuhalten vermag. Der Kollektivmensch droht das Individuum zu ersticken, jenen Einzelnen, auf dessen Verantwortlichkeit schließlich alles Menschenwerk ruht. Masse als solche ist stets anonym und unverantwortlich. Sogenannte Führer sind unvermeidliche Symptome einer Massenbewegung. Die wahren Führer der Menschheit sind stets die, welche sich auf sich selbst besinnen und das Schwergewicht der Masse wenigstens um ihr eigenes Gewicht erleichtern, indem sie sich von der blinden Naturgesetzlichkeit der bewegten Masse bewusst ferngehalten haben.

Wer aber vermag dieser allüberwältigenden Anziehungskraft zu widerstehen, wo einer sich an den anderen klammert und einer den anderen mitreißt? Einzig der, der nicht nur in der Welt des Äußeren, sondern auch in der des Inneren steht.

Klein und verborgen ist die Pforte, die sich ins Innere öffnet, unzählig sind die Vorurteile, Voraussetzungen, Meinungen und Ängste, welche den Zugang verwehren. Man will von großen politischen und Wirtschaftsprogrammen hören, ausgerechnet von jenen Dingen, welche die Völker stets in den Sumpf hineingeführt haben. Darum klingt es grotesk, wenn einer von verborgenen Pforten, vom Traum und von einer Welt des Inneren spricht. Was will solcher dunstiger Idealismus neben einem gigantischen Wirtschaftsprogramm, neben den sogenannten Realitätsproblemen?

Ich spreche aber nicht zu Nationen, sondern bloß zu einzelnen, wenigen Menschen, unter denen es als ausgemachte Sache gilt, dass unsere Kulturwirklichkeiten nicht vom Himmel herunterfallen, sondern in letzter Linie von uns einzelnen Menschen gemacht werden. Geht die *große* Sache schief, so geschieht dies bloß darum, weil die Einzelnen schief sind, weil ich schief bin. Also werde ich vernünftigerweise zuerst einmal mich selber gerade richten. Dazu bedarf ich, weil Autorität mir nichts mehr sagt, eines Wissens und Erkennens der eigensten, innersten Grundlagen meines subjektiven Wesens, um auf die ewigen Tatsachen der menschlichen Seele mein Fundament zu gründen.

Wenn ich vorhin hauptsächlich vom Traume sprach, so wollte ich damit bloß einen der nächsten und bekanntesten Ausgangspunkte innerer Erfahrung erwähnen. Über den Traum hinaus gibt es aber noch manches, was ich hier nicht erwähnen kann. Die Erforschung der Tiefen der Seele fördert eben vieles zutage, von dem man sich an der Oberfläche höchstens träumen lässt. Kein Wunder daher, dass bisweilen auch die stärkste und ursprünglichste aller geistigen Tätigkeiten, nämlich die religiöse, entdeckt wird! Sie ist es ja, die im modernen Menschen mehr als die Sexualität oder die soziale Anpassung verschüttet ist. Darum kenne ich Leute, denen die innere Begegnung mit der fremden Gewalt ein Erlebnis bedeutet, dem sie den Namen Gott beilegen. Auch »Gott« in diesem Sinne ist eine *Theorie*, eine Anschauung, ein Bild, das der menschliche Geist in seiner Beschränktheit sich erschafft, um ein unausdenkbares, unaussprechbares Erlebnis auszudrücken. Das Erlebnis ist das einzige Wirkliche, das nicht Wegzudisputierende. Bilder aber können beschmutzt und zerrissen werden.

Namen und Worte sind zwar armselige Hüllen, aber sie deuten doch auf die Art des Erlebnisses. Wenn man den Teufel Neurose nennt, so zeigt sich damit, dass man dieses dämonische Erlebnis heutzutage als *Krankheit* empfindet, was für unsere Zeit bezeichnend ist. Nennt man's Verdrängung der Sexualität oder Geltungsdrang, so zeigt dies, dass es sogar diese fundamentalen Triebe ernstlich stört. Nennt man es Gott, so zeigt das, dass man seine allumfassende, weltentiefe Bedeutung bezeichnen möchte, weil man solches darin erlebt hat. Nüchtern betrachtet, ist letztere Bezeichnung mit Rücksicht auf den ganz unerkennbaren Hintergrund die vorsichtigste und zugleich die bescheidenste, denn sie lässt dem Erlebnis den weitesten Spielraum und zwängt es nirgends in ein Duodezformat von Begriffsschema. Es sei denn, dass jemand auf die ausgefallene Idee käme, er wisse ganz genau, was Gott sei.

Wie man immer den Seelenhintergrund bezeichnen mag, Tatsache bleibt, dass Dasein und Wesen des Bewusstseins in unerhörtem Maße davon beeinflusst werden, und zwar in umso höherem Maße, je weniger man sich dessen bewusst ist. Der Laie kann sich allerdings schlecht einen Begriff davon machen, wie sehr er in allen seinen Neigungen, Stimmungen und Entschlüssen von den dunkeln Tatsachen seiner Seele beeinflusst ist und wie gefährlich oder wie hilfreich deren schicksalschaffende Mächte sind. Unser Kopfbewusstsein ist ein Schauspieler, der vergessen hat, dass er eine Rolle spielt. Wenn aber die Vorstellung zu Ende ist, so muss er sich seiner subjektiven Wirklichkeit wieder erinnern können, denn er vermag weder als Julius Cäsar noch als Othello weiterzuleben, sondern nur mit seinem ihm eigenen Wesen, welchem eine momentane Bewusstseinstäuschung ihn entfremdet hat. Er muss wieder wissen, dass er eine bloße Figur auf der Bühne war, dass ein Stück von Shakespeare gespielt wurde und dass es einen Regisseur sowohl wie einen Theaterdirektor gibt, die vorher sowohl wie nachher ganz Wesentliches über sein Spiel zu sagen haben.

Paracelsus (1929)

Der seltsame Mann Philippus Aureolus Bombast von Hohenheim, genannt Theophrastus Paracelsus,[8] wurde hier im Jahre 1493 am 10. November geboren. Sein mittelalterlicher und doch so freisinniger Geist wird es uns nicht verdenken, wenn wir in höflicher Erinnerung an die Gepflogenheiten seiner Zeit zunächst einen kurzen Blick auf die Sonne, die seiner Geburt zu Gevatter stand, werfen. Seine Sonne stand im Zeichen des *Skorpions,* nach alter Tradition ein Zeichen gut für Ärzte, für Meister der Gifte und der Heilung. Des Skorpions Herr ist der stolze und streitbare *Mars,* der dem Starken kriegerischen Mut und dem Schwachen Händelsucht und Galligkeit verleiht. Und des Paracelsus späteres Leben hat diese Nativität wahrlich nicht verleugnet.

Indem wir nun vom Himmel auf die Erde seiner Geburt blicken, so sehen wir sein elterliches Haus eingebettet in ein tiefes, einsames, waldschattiges Tal, umgeben von düsteren überragenden Bergen, die rings die moorigen Hügel- und Talflächen der melancholischen Einsiedelei umschließen. In ahnungsvoller Nähe erheben sich die größeren Höhen der Alpen, die Macht der Erde überwiegt sichtbarlich die Willkür des Menschen, und bedrohlich lebendig hält sie ihn in ihrer Höhlung und zwingt ihm ihren Willen auf. Hier, wo die Natur größer ist als der Mensch, entgeht ihr keiner; die Kälte des Wassers, die Starrheit des Felsens, die Knorrigkeit und Zähigkeit der Waldwurzeln und die Schroffheit der Hänge bilden etwas in die Seele des dort Geborenen hinein, das unausrottbar lebendig wirkt; und es verleiht dem Schweizer Ei-

[8] Ich verweise auf die vortreffliche Ausgabe der Schriften von Paracelsus von Dr. Bernhard Aschner (vgl. Bibliographie).

gensinn, Standhaftigkeit, Schwerfälligkeit und Naturstolz, den man schon auf vielerlei Weise, günstig und ungünstig, ausgelegt hat als Unabhängigkeit oder als Trotzigkeit. (»Le Suisse est caractérisé par un noble esprit de liberté, mais aussi par une certaine froideur peu agréable«, wie einmal ein Franzose schrieb.)

Vater Sonne und Mutter Erde scheinen die wahreren Eltern seines Charakters gewesen zu sein als des Paracelsus Erzeuger im Blut. Paracelsus war ja, wenigstens väterlicherseits, kein Schweizer, sondern ein Schwabe, ein Sohn des Wilhelm Bombast, des unehelichen Nachkömmlings des Georg Bombast von Hohenheim, Großmeister des Johanniterordens. Aber geboren im Bannkreis der Alpen, im Schoße einer mächtigen Erde, die ihn, ungeachtet seines Blutes, sich zu eigen gemacht hat, nach dem Gesetz des »X der örtlichen Disposition«, ist Paracelsus dem Charakter nach als Schweizer zur Welt gekommen.

Seine Mutter stammte von Einsiedeln, und ihre Einflüsse sind unbekannt. Sein Vater hingegen war eine problematische Natur. Als Arzt war er eingewandert und hatte sich in jenem Tobel, wo Füchse und Hasen einander gute Nacht sagen, an der Pilgerstraße niedergelassen. Was berechtigte ihn, den unehelich Geborenen, den adeligen Vaternamen zu führen? Man ahnt die seelische Tragödie des Unehelichen: ein düsterer, einsamer Unberechtigter, der in der Abgeschlossenheit des Waldtales sich mit Ressentiment seiner Heimat enthält und doch mit nicht eingestandener Sucht durch Pilger Kunde von der Welt draußen, in die er nicht zurückkehren wird, empfängt. Adeliges Leben und weite Welt lagen ihm im Blut und blieben dort begraben. Nichts wirkt seelisch stärker auf die menschliche Umgebung, besonders auf die Kinder, als das ungelebte Leben der Eltern. Von diesem Vater dürfen wir stärkste Gegensatzwirkung auf den jungen Paracelsus erwarten.

Eine große, ja einzige Liebe verbindet ihn dem Vater. Dieser ist der einzige Mensch, dessen er in Liebe gedenkt. Ein solch treuer Sohn wird die Schuld des Vaters begleichen. All der Verzicht des Vaters wird sich im Sohn in ehrgeizigen Anspruch verwandeln.

Das Ressentiment und das unvermeidliche Minderwertigkeitsgefühl des Vaters wird den Sohn zum Rächer der Unbill des Vaters machen. Er wird sein Schwert gegen alle Autorität führen, und er wird alles, was auf die potestas patris Anspruch macht, als Widersacher des eigenen Vaters bekämpfen. Was der Vater verlor oder worauf er verzichtete, Erfolg und Ruhm des Namens, Leben und Unabhängigkeit in der weiten Welt, muss er wieder gewinnen, und nach tragischem Gesetz muss er sich auch mit seinen Freunden überwerfen, als unvermeidliche Folge der schicksalsmäßigen Bindung an den einzigen Freund, den Vater, denn auf seelischer Endogamie stehen schwere Schicksalsstrafen.

Wie dies nicht selten der Fall ist, hat ihn die Natur zur Rächerrolle ausgerechnet schlecht ausgerüstet, denn statt einer heldischen Aufrührergestalt gab sie ihm eine Körperlänge von nur etwa 150 cm, ein kränkliches Aussehen, eine zu kurze Oberlippe, welche die Zähne nicht ganz bedeckte (ein Kennzeichen, nicht selten bei nervösen Leuten), und, wie es scheint, ein Becken, dessen Weiblichkeit auffiel, als man im 19. Jahrhundert seine Gebeine in Salzburg exhumierte.[9] Es ging sogar die Sage, dass er ein Eunuch gewesen sei, wofür aber meines Wissens keine weiteren Bestätigungen vorliegen. Allerdings scheint die Liebe nie ihre Rosen in sein irdisches Dasein geflochten zu haben, und ihre bekannten Dornen waren ihm überflüssig, da sein Charakter sowieso stachlig war.

Kaum war er alt genug, um Waffen zu tragen, so zog der kleine Mann auch schon ein umso größeres Schwert an, von dem er sich nur noch selten trennte, und dies umso weniger, als er im kugelförmigen Schwertknauf seine Laudanumpillen, sein eigentliches arcanum, barg. So gerüstet, zog er, eine der Komik nicht ganz entbehrende Figur, früh in die weite Welt auf unerhörte, abenteu-

---

[9] Paracelsus starb am 24. September 1541 in Salzburg, wo er auf dem Friedhof von St. Sebastian »unter den Armen des Versorgungshauses« begraben wurde.

erliche Reisen, die ihn durch Deutschland, Frankreich, Italien, die Niederlande, Dänemark, Schweden und Russland führten. Als ein wunderlicher Wundertäter, fast wie ein zweiter Apollonius von Tyana, soll er nach der Legende auch Afrika und Asien bereist haben, wo er der Geheimnisse größte entdeckte. Nie machte er regelmäßige Studien, denn die Unterordnung unter Autorität war tabu. Er war ein selfmade man, der sich bezeichnenderweise die Devise zulegte: »Alterius non sit, qui suus esse potest«,[10] eine echte und rechte Schweizerdevise. Was dem Paracelsus auf seinen Reisen alles zugestoßen ist, bleibt auf immer dunkle Ahnung, wahrscheinlich immer wieder etwas Ähnliches wie das, was ihm in Basel passierte. 1525 wurde er als berühmter Arzt nach Basel vom Rat berufen; Letzterer offenbar in einem jener historischen Anfälle von Unvoreingenommenheit handelnd, die im Laufe der Jahrhunderte sich gelegentlich wiederholten, wie die Berufung des Jünglings Nietzsche beweist. Die Berufung hatte einen etwas peinlichen Hintergrund, da damals Europa unter einer beispiellosen syphilitischen Verseuchung litt, die nach dem Neapeler Feldzug ausgebrochen war. Paracelsus bekleidete die Stellung eines Stadtarztes, aber er fügte sich in die Würde nicht nach Geschmack der Universität, noch eines löblichen Publikums. Erstere skandalisierte er dadurch, dass er Kollegien in der Sprache der Knechte und Mägde, nämlich deutsch las, und Letzteres dadurch, dass er, statt in Amtstracht, im Laborantenkittel sich auf der Straße zeigte. Für seine Kollegen war er der bestgehasste Mann, und an seinen medizinischen Schriften wurde kein gutes Haar gelassen. Man beschimpfte ihn als »tollen Stierkopf« und als »Waldesel von Einsiedeln«. Und er gab solches und ähnliches in einer ausgesucht unflätigen Sprache zurück, ein keineswegs erbauliches Schauspiel.

In Basel nun ereilte ihn ein unvermeidliches Schicksal, das tief in sein Leben eingriff: Er verlor nämlich seinen Freund und Lieblingsschüler, den Humanisten Johannes Oporinus, der ihn recht

10 »Es sei nicht eines andern, der sein eigen sein kann.«

eigentlich verriet und seinen Gegnern die kräftigsten Waffen lieferte. Oporin selber bereute nachmals seine Untreue, aber es war zu spät. Der Schaden war nicht mehr gutzumachen. Nichts aber vermochte das händelsüchtige, anmaßliche und querulantenhafte Benehmen des Paracelsus zu dämpfen, im Gegenteil, dieser Verrat steigerte es noch. Bald begab er sich wieder auf Reisen, meistens arm, öfters bis zur Bettelhaftigkeit heruntergekommen.

Mit achtunddreißig Jahren tritt in seinen Schriften eine charakteristische Änderung ein: neben dem Medizinischen tritt das Philosophische hervor. »Philosophisch« ist allerdings keine ganz richtige Bezeichnung für seine geistige Manifestation. Man sollte diese wohl eher »gnostisch« nennen. Nach Überschreitung der Lebensmitte nämlich tritt jene merkwürdige seelische Veränderung ein, die man wohl als eine Umkehrung der seelischen Lebensrichtung bezeichnen könnte. Nur bei wenigen tritt diese subtile Veränderung klar als Umkehrung an die Oberfläche. Bei den meisten verläuft sie, wie alle anderen Hauptsachen des Lebens, unter der Schwelle des Bewusstseins. Bei bedeutenden Geistern zeigt sich die Veränderung in Form einer Verwandlung des Intellektes in eine Art von spekulativer oder intuitiver Geistigkeit, wie wir dies zum Beispiel bei Newton, Swedenborg und Nietzsche, um drei große Namen zu nennen, sehen. Bei Paracelsus ist die Spannweite zwischen den Gegensätzen nicht so groß, aber doch immerhin bemerkenswert.

Damit gelangen wir nun, nach all der Äußerlichkeit und Unzulänglichkeit des persönlichen Lebens, zum geistigen Menschen Paracelsus, und damit treten wir in eine Ideenwelt ein, die dem heutigen Menschen, wenn er nicht gerade sehr spezielle Kenntnisse der spätmittelalterlichen Geisteslage hat, ungemein dunkel und verworren vorkommen muss. Vor allem – trotz seiner Schätzung Luthers – ist Paracelsus als guter Katholik gestorben, in wunderlichstem Gegensatz zu seiner heidnischen Philosophie. Man kann wohl kaum annehmen, dass der Katholizismus ihm einfach Lebensstil bedeutete. Er war ihm eine so selbstverständliche und schlechthin unverstehbare Gegebenheit, dass er ihm nicht einmal Gegenstand des Nachdenkens wurde, sonst wäre es zu einer gefährlichen Auseinandersetzung mit der Kirche und mit seinem eigenen Gemüt gekommen. Paracelsus gehörte offenbar zu jenen Menschen, die den Intellekt in der einen und das Gemüt in der andern Schublade haben, so dass sie mit dem Intellekt fröhlich drauflos denken können, ohne je Gefahr zu laufen, mit ihrem Gefühlsglauben zusammenzustoßen. Es ist ja schließlich eine begreifliche Erleichterung, die eine Hand nicht wissen zu lassen, was die andere tut. Es wäre müßige Neugierde, wissen zu wollen, was es dann gegeben hätte, wenn die beiden doch zusammengestoßen wären. Sie stießen damals vorzugsweise nicht zusammen, das ist das Kennzeichen jener sonderlichen Zeit, genauso rätselhaft wie der Geisteszustand eines Alexander VI. und des ganzen höheren Klerus des Cinquecento. Und wie sich unter der Schwelle der Kirche lachendes Heidentum der Kunst wieder hervordrängte, so belebte sich hinter dem Vorhang scholastischer Philosophie antikes Heidentum des Geistes in einer Wiedergeburt des Neuplatonismus und der Naturphilosophie. Unter den Vertretern dieser Bewegung war es besonders der Humanist Marsilius Ficinus, dessen Neuplatonismus den Paracelsus, wie so viele aufstrebende und »moderne« Geister jener Tage, beeinflusst hat. Nichts kennzeichnet die explosive, aufrührerische und Zukunft verheißende Geisstimmung jener Zeit, die, den Protestantismus weit überholend, das 19. Jahrhundert vorwegnahm, wie das Motto zu Agrippa von Nettesheims Buch »De incertitudine et vanitate scientiarum« (1527):

> Nullis hie parcet Agrippa,
> contemnit, seit, nescit, flet, ridet,
> irascitur, insectatur, carpit omnia,
> ipse philosophus, daemon, heros, deus et omnia.[11]

---

11 »Dieser Agrippa verschont keinen; er verachtet, weiß, weiß nicht, weint,

Eine neue Zeit war angebrochen, der Umsturz der Autorität der christlichen Kirche rückte in bedrohliche Nähe, und damit schwand die metaphysische Sicherheit des gotischen Menschen. Und wie in den lateinischen Ländern die Antike in jeglicher Form wieder hervorbrach, so drängte sich in den barbarischen, germanischen Ländern anstelle der fehlenden antiken Vorstufe das primitive Erlebnis des unmittelbaren Geistes vor, in vielerlei individuellen Formen und Stufen geschieden und verkörpert durch große und wunderliche Denker und Dichter, wie Meister Eckhart, Agrippa, Paracelsus, Angelus Silesius und Jacob Böhme. Ihre barbarische, aber urtümlich kraftvolle Eigenart bekunden sie alle durch eine der Tradition entwachsene, der Autorität entratende, gewaltsam eigenwillige Sprache. Neben Böhme war wohl Paracelsus in dieser Beziehung der schlimmste Rebell. Seine philosophische Terminologie ist so individuell arbiträr, dass sie sogar die gnostischen »Worte der Macht« an Absonderlichkeit und Dunkelheit um ein Vielfaches übertrifft.

Das oberste kosmogonische Prinzip, sein gnostischer »Demiurg«, war der Yliaster oder Hyaster, eine hybride Wortneubildung aus hyle (Materie) und astrum (Gestirn). Man könnte diesen Begriff als »kosmischer Stoff« übersetzen. Es ist etwas wie das hen des Pythagoras und Empedokles oder wie die heimarmene der Stoiker, eine primitive Urstoff- und Urkraftanschauung. Die griechisch-lateinische Prägung bedeutet wohl nicht mehr als zeitgemäßen Ausdrucksstil, ein kultürliches Mäntelchen für eine primitive Uridee, welche auch die Vorsokratiker in Atem gehalten hat, ohne dass Paracelsus sie notwendigerweise von ihnen geerbt hätte. Diese urtümlichen Bilder nämlich gehören der Menschheit überhaupt und können autochthon in jedem Kopfe wieder entstehen, unbekümmert um Zeit und Ort. Es bedarf nur der günstigen Umstände für deren Wiedererwachen. Der passende Moment

lacht, zürnt, schmäht, zerzaust alles; er seinerseits ist Philosoph, Dämon, Held, Gott und alles.«

hierfür ist immer, wenn eine Weltanschauung zusammenbricht und alle jene Formen und Gestalten, die einstmals als endgültige Antwort auf die großen Rätsel von Leben und Welt galten, mit sich reißt. Es ist sogar der psychologischen Regel völlig entsprechend, wenn alle entwurzelten Götter auf den Menschen zurückfallen und er deshalb ausruft: »Ipse philosophus, daemon, heros, deus et omnia«, und, wenn eine den Geist verherrlichende Religion zu schwinden beginnt, dafür ein Urbild des schöpferischen Stoffes im inneren Erlebnis bewusst wird.

In strengstem Gegensatz zu christlicher Weltanschauung ist des Paracelsus oberstes Prinzip eine durchaus materialistische Anschauung. Erst an zweiter Stelle kommt bei ihm etwas Geistiges, nämlich die aus dem Stoff hervorgehende anima mundi, der ideos oder ides, das mysterium magnum oder *»Limbus major,* ein spiritualistisch Wesen, ein unsichtbar und unbegreiflich Ding«. Darin ist ihm alles in Form von platonischen Ideen, als Archetypen, enthalten, ein Korn, das wohl von Marsilius Ficinus stammen dürfte. Limbus ist ein Kreis. Die animistisch belebte Welt ist der größere Kreis, der Mensch ist der limbus minor, der kleinere Kreis. Er ist der Mikrokosmos. Daher ist alles innen wie außen, unten wie oben. Zwischen allen Dingen im größeren und kleineren Kreis herrscht *Entsprechung,* correspondentia, eine Anschauung, die dann in Swedenborgs Idee vom homo maximus in eine gigantische Anthropomorphisierung des Universums ausläuft. In der primitiveren Anschauung des Paracelsus fehlt aber die Anthropomorphisierung. Mensch ist ihm wie Welt ein belebtes Stoffaggregat, eine Anschauung, die der wissenschaftlichen Betrachtungsweise des ausgehenden 19. Jahrhunderts konsanguin ist, mit dem einzigen Unterschied, dass Paracelsus noch nicht tödlich chemisch-mechanistisch denkt, sondern noch primitiv animistisch. Seine Natur wimmelt noch von Hexen, Inkuben, Sukkuben, Teufeln, Sylphiden und Undinen. Das Belebte der seelischen Erfahrung ist ihm noch zugleich ein Belebtes der Natur. Noch hat ihn der seelische Tod des wissenschaftlichen Materialismus nicht erreicht, aber er bereitet den Weg zu diesem Ende vor. Er ist *noch* ein Animist, entsprechend der Primitivität seines Geistes, und doch *schon* ein Materialist. Der Stoff als das im Raum absolut Zerteilte ist der natürlichste Feind jener Konzentration des Lebendigen, welche Seele bedeutet. Bald wird die Welt der Undinen und Sylphiden ihr Ende erreichen, und erst im Zeitalter der Seele werden sie wieder ihre Auferstehung feiern, wo man sich alsdann wundern wird, wieso man so alte Wahrheiten je vergessen konnte. Aber es ist natürlich viel einfacher, wenn man annimmt, dass das, was man nicht versteht, gar nicht existiere.

Die Welt des Paracelsus im Großen wie im Kleinen besteht aus belebten Partikeln, aus *entia.* Krankheiten sogar sind für ihn entia, so wie es ein ens astrorum, veneni, naturale, spirituale und deale gibt. Die damalige große Pestepidemie erklärte er in einem Brief an den Kaiser als die Wirkung von in Hurenhäusern erzeugten Sukkuben. Das ens ist ebenfalls ein »spiritualistisch Wesen«, daher sagt er im *»Buch Paragranum«:* »Die Krankheiten sind nit corpora, drum Geist gegen Geist soll gebraucht werden.« Womit Paracelcus meint, dass nach der Lehre der correspondentia jeglichem ens morbi ein »arcanum« der Natur entspreche, zum Beispiel eine Pflanze oder ein Mineral, das ein Spezifikum gegen die entsprechende Krankheit sei. Daher bezeichnete er auch die Krankheiten nicht klinisch oder anatomisch, sondern nach ihren spezifischen Heilmitteln, zum Beispiel gab es »tartarische« Krankheiten, nämlich solche, die durch ihr entsprechendes arcanum, in diesem Falle tartarus, geheilt wurden. Deshalb hielt er auch viel von der Lehre der *Signaturen,* welche eines der Hauptprinzipien der damaligen Volksmedizin (das heißt der Hebammen, Feldscherer, Hexen, Quacksalber und Henker) gewesen zu sein scheint. Nach dieser Lehre ist zum Beispiel eine Pflanze, deren Blätter handähnlich sind, gut für Krankheiten der Hände usw.

Die Krankheit ist ihm »ein natürliches Wachstum, ein Geistiges, Lebendiges, ein Samen«. Wir können wohl sagen, dass für Paracelsus die Krankheit ein notwendig Mitlebendes, ein eigentliches constituens des menschlichen Lebens war und nicht ein hassenswertes corpus alienum, das sie uns bedeutet. Darum ist die Krankheit auch verschwägert mit den in der Natur vorhandenen und diese konstituierenden arcana, welche ebenso naturnotwendig und naturzugehörig sind wie die Krankheiten zum Menschen. Der allermodernste Arzt würde hier dem Paracelsus die Hand schütteln und ihm sagen: »Ich mein's zwar nicht ganz so, aber doch ziemlich ähnlich.« Trefflich für seine Art meint er, dass die ganze Welt eine Apotheke und Gott der höchste Apotheker sei.

Paracelsus ist ein Geist, wie er typisch ist für eine große Übergangszeit. Sein suchender und ringender Intellekt erst hat sich befreit aus einer spiritualistischen Weltanschauung, an der sein Gemüt noch hängt. Extra ecclesiam nulla salus – dieser Satz gilt im höchsten Maße für die geistige Wandlung, die den befällt, der den Legendenkreis althergebrachter heiliger Bilder, die als letzte Wahrheiten seinen Horizont abschließen, überschreitet: Er büßt alle beruhigenden und heilsamen Vorurteile ein, eben ist ihm eine Welt eingestürzt, und noch ist nichts gewusst über eine andere Ordnung der Dinge. Er ist ganz arm geworden, ganz unwissend wie ein kleines Kind, das noch nichts von der neuen Welt weiß und sich nur mühsam und dunkel daran erinnern kann, was urälteste Menschheitserfahrung zu ihm aus seinem Blute spricht. Alle Autorität ist ihm gefallen, und er muss eine neue Welt aus eigenen Erfahrungsmitteln aufbauen.

Auf weiten Reisen, auch die trübsten Quellen nicht verschmähend, hat Paracelsus seine Erfahrung geschöpft, ein Pragmatiker sondergleichen. Und wie er ohne Vorurteil den Urstoff äußerer Erfahrung an sich zog, so schöpfte er auch aus den primitiven Dunkelheiten seiner Seele die philosophischen Grundideen seines Werkes. Uralt-Heidnisches, schlimmsten Aberglauben des untersten Volkes vortäuschend, brachte er herauf. Der christliche Spiritualismus verwandelte sich in seine prähistorische Vorstufe, in den Animismus des Primitiven, und die scholastische Geistesbildung des Paracelsus erzeugte daraus eine Philosophie, die sich keinem christlichen Vorbild, sondern vielmehr dem Denken der bestgehassten Feinde der Kirche, der Gnostiker, annäherte. Wie jedem rücksichtslosen Neuerer, der Autorität und Tradition verwirft, drohte auch ihm der Rückschritt zu dem, was einstmals verworfen wurde, und damit der tödliche und rein destruktive Stillstand. Wohl durch die Tatsache aber, dass, während sein Intellekt ins Weiteste schweifte und auf fernste Vergangenheit zurückgriff, sein Gemüt an den überkommenen Gütern festhielt, ist die völlige Verwirklichung des Rückschrittes verhindert worden. Und wohl dank diesem unleidlichen Widerspruch verwandelte sich Regression in Progression. Er verleugnete nicht den Geist, an den sein Gemüt glaubte, sondern errichtete neben ihm das Gegenprinzip des Stoffes: Erde gegenüber dem Himmel, Natur gegenüber dem Geist. Dadurch ist er kein blinder Zerstörer, kein halb schwindelhaftes Genie wie ein Agrippa, geworden, sondern ein Vater der Naturwissenschaft, ein Pionier des neuen Geistes, als den ihn unsere Zeit mit Recht verehrt. Allerdings würde er wohl zu dem, wofür ihn gewisse seiner modernen Verehrer besonders bewundern, aus dem Jenseits den Kopf schütteln. Sein Panpsychismus war nicht seine heißerrungene Entdeckung – vielmehr hing ihm dieser noch an als Rest primitiver participation mystique mit der Natur –, sondern: *der Stoff und seine Eigenschaften.* Die Bewusstseinslage seiner Zeit und der damalige Entwicklungsgrad des Erkennens erlaubten ihm gar nicht, den Menschen außerhalb des Naturganzen zu sehen. Dieser Höhepunkt war dem 19. Jahrhundert vorbehalten. Die unauflösbare und unbewusste Verbundenheit von Mensch und Welt war ihm noch eine absolute Gegebenheit, mit der sein Geist mit den Waffen wissenschaftlicher Empirie zu ringen begann. Die moderne Medizin, welche die Seele nicht mehr als ein bloßes Anhängsel des Körpers verstehen kann und daher den sogenannten »psychischen Faktor« mehr und mehr in Betracht zu ziehen beginnt, nähert sich in gewissem Sinne wieder der paracelsischen Vorstellung des seelisch belebten Stoffes, wodurch auch die ganze geistige Erscheinung des Paracelsus selber in ein neues Licht tritt. Wie Paracelsus einst ein Bahnbrecher der medizinischen Wissenschaft war, so wird er uns heute, wie es scheint, zum Symbol einer wichtigen Veränderung unserer Anschauung vom Wesen der Krankheit sowohl wie vom Wesen des Lebendigen überhaupt.

Sigmund Freud als kulturhistorische Erscheinung (1932)

Einen noch Lebenden schon historisch betrachten zu wollen, ist immer eine heikle und gefährliche Aufgabe. Liegt aber jemandes Lebenswerk und Gedankensystem, wie das Freuds, geschlossen vor uns, so ist es wohl eher möglich, seine historische Bedingtheit und Bedeutung zu erfassen. Seine Lehre, die in ihren Grundzügen wohl jedem gebildeten Laien heutzutage vertraut sein dürfte, hat keine unabsehbaren Verzweigungen, sie schließt auch keine fremden Bestandteile, deren Ursprünge in anderen Wissensgebieten lägen, ein, und schließlich beruht sie auf einigen wenigen, durchsichtigen Prinzipien, welche exklusiv Freuds gesamte Gedankenmaterie beherrschen und durchdringen. Überdies hat der Schöpfer dieser Lehre sie auch mit seiner Methode der »Psychoanalyse« identifiziert und dadurch ein starres System geschaffen, dem man mit Recht Absolutismus vorwirft. Auf der anderen Seite aber hat diese in der Wissenschaftsgeschichte außergewöhnliche Ausprägung einer Theorie den wesentlichen Vorteil, dass sie als fremde und einzigartige Erscheinung sich scharf von ihrem philosophischen und wissenschaftlichen Hintergrund abhebt. Nirgends verschwimmt sie mit anderen zeitgenössischen Auffassungen und bezieht sich bewusst nirgends auf geistesgeschichtliche Vorfahren. Dieser Eindruck der Unbezogenheit wird noch erhöht durch eine eigenartige Terminologie, welche bisweilen an subjektiven Jargon streift. Es hat allen Anschein, als ob diese Lehre, wie es Freud auch haben möchte, ausschließlich im ärztlichen Konsultationszimmer entstanden wäre, außer ihm selber jedermann unwillkommen und ein Pfahl im Fleische der »akademischen« Wissenschaft. Und doch fällt auch die originellste und unbezogenste Idee nicht vom

Himmel, sondern erwächst aus einem objektiven Wurzelgeflecht, in dem alle Zeitgenossen – ob sie es nun bewusst anerkennen oder nicht – miteinander aufs Engste verbunden sind.

Freud steht auf historischen Vorbedingungen, welche eine Erscheinung wie ihn geradezu notwendig machten, und zwar ist es sein Hauptgedanke, nämlich die Lehre von der *Verdrängung der Sexualität,* welche am deutlichsten kulturhistorisch bedingt ist. Freud steht, wie sein größerer geistiger Zeitgenosse Nietzsche, am Ende des viktorianischen Zeitalters, welches auf dem Kontinent noch keinen ebenso schlagenden Namen erhalten hat, obschon es in germanischen und protestantischen Ländern ebenso charakteristisch war wie in den angelsächsischen. Das viktorianische ist ein Zeitalter der Verdrängung, ein krampfhafter Versuch, anämische Ideale im Rahmen bürgerlicher Wohlanständigkeit durch Moralismus künstlich am Leben zu erhalten. Diese »Ideale« waren die letzten Ausläufer der religiösen Allgemeinvorstellungen des Mittelalters und waren kurz vorher durch die französische Aufklärung und durch die nachfolgende Revolution in ihrer Existenz schwer erschüttert worden. Hand in Hand damit waren auch auf politischem Gebiet alte Wahrheiten hohl geworden und drohten zusammenzubrechen. Es war dazu wohl etwas zu früh, und infolgedessen strengte sich das ganze Jahrhundert krampfhaft an, das schwindende christliche Mittelalter noch irgendwie am Leben zu erhalten. Politische Revolutionen wurden niedergeschlagen, moralische Befreiungsversuche wurden durch die bürgerliche öffentliche Meinung unmöglich gemacht, und die kritische Philosophie des ausgehenden Jahrhunderts mündete zunächst in erneute systematische Versuche, die Welt nach mittelalterlichem Vorbild in ein Gedankennetz einzufangen. Aber im Laufe des 19. Jahrhunderts brach die Aufklärung doch allmählich durch, und zwar besonders in der Form des wissenschaftlichen Materialismus und Rationalismus.

Dies ist der Mutterboden, aus dem Freud erwuchs und dessen geistige Merkmale ihn schicksalsmäßig bedingten. Er hat die Leidenschaft des Aufklärers – eines seiner Lieblingszitate ist Voltaires »Écrasez l'infâme« –, mit Genugtuung weist er darauf hin, was »eigentlich dahinterstecke«, und alle komplexen seelischen Erscheinungen, wie Kunst, Philosophie und Religion, erscheinen ihm verdächtig, »nichts als« Verdrängungen des Sexualinstinktes, zu sein. Diese wesentlich reduktive und negative Einstellung zu anerkannten Kulturwerten beruht bei ihm auf historischer Bedingtheit. Er sieht, wie sein Zeitalter ihn zu sehen zwingt. Am deutlichsten tritt dies zutage in seiner Schrift *»Die Zukunft einer Illusion«*, wo er von der Religion ein Bild entwirft, welches aufs Haar genau dem Vorurteil des materialistischen Zeitalters entspricht.

Seine aufklärerische Leidenschaft zur Negativerklärung beruht auf dem historischen Umstand, dass das viktorianische Zeitalter Kulturwerte dazu benützte, ein bürgerliches Weltbild zurechtzufälschen; unter diesen Mitteln spielte die Religion – eben eine Verdrängungsreligion – die Hauptrolle. Dieses Afterbild von Religion ist es, das Freud vorschwebt. Gleiches gilt vom Bild des Menschen: Seine bewussten Qualitäten – viktorianisch: seine idealistisch zurechtgefälschte Persona – beruhen auf entsprechend dunkeln Hintergründen, nämlich auf verdrängter infantiler Sexualität; ja, jede positive Gabe oder Schöpfung beruht auf einem infantilen Minus, entsprechend dem materialistischen Bonmot: »Der Mensch ist, was er isst«.

Diese Auffassung des Menschen ist – historisch betrachtet – eine herostratische Reaktion gegen die Tendenz des viktorianischen Zeitalters, alles in »Rosa« zu sehen und »sub rosa« zu bezeichnen, denn es war die Zeit der geistigen »Leisetreterei«, die schließlich einen Nietzsche gebar, der sich eines Hammers zum Philosophieren bediente. Logischerweise verschwinden schicksalsbedingte ethische Motive in der Freud'schen Lehre. Sie sind ersetzt worden durch eine konventionelle Moral, von der mit Recht vorausgesetzt wird, dass sie so oder überhaupt nicht bestünde, wenn nicht ein oder mehrere übelgelaunte Vorväter solche Vorschriften zur zweckmäßigen Unschädlichmachung ihrer Impotenz erfunden hätten. Seither bestünden (leider) solche Auffassungen und kontinuierten sich im »Über-Ich« jedes Einzelnen. Diese grotesk entwertende Auffassung ist eine gerechte Strafe für die historische Tatsache, dass das Ethos des viktorianischen Zeitalters auch nichts anderes war als konventionelle Moral, die Ausgeburt griesgrämiger praeceptorum mundi.

Wenn man Freud dergestalt von rückwärts betrachtet, nämlich als einen Exponenten des Ressentiments des beginnenden neuen Jahrhunderts gegenüber dem 19. mit seinen Illusionen, seiner Heuchelei, seinen halben Unwissenheiten, seinen falschen, überspannten Gefühlen, seiner seichten Moral, seiner künstlichen, saftlosen Religiosität und seinem lamentablen Geschmack, so sieht man ihn, meines Erachtens, sehr viel richtiger, als wenn man ihn zu einem Künder neuer Wege und Wahrheiten stempelte. Er ist ein großer Zerstörer, der die Fesseln der Vergangenheit zersprengt. Er befreit vom ungesunden Drucke einer faul gewordenen alten Gewohnheitswelt. Er zeigt, wie man die Werte, an die unsere Eltern noch glaubten, auch noch ganz anders verstehen kann; zum Beispiel jenen sentimentalen Schwindel der Eltern, die »nur noch für ihre Kinder leben«, oder das Thema des edlen Sohnes, der »seine Mutter zeitlebens auf den Händen trägt«, oder das Ideal der Tochter, die ihren Vater »ganz versteht«. Früher wurden diese Dinge unbesehen geglaubt. Seit Freud aber die unschmackhafte Idee der »inzestuösen Fixation« als Verhandlungsgegenstand auf den Tisch des Hauses gelegt hat, regen sich nützliche Zweifel, die gesunderweise bisweilen nicht zu weit getrieben werden dürfen.

Die »Sexualtheorie« dürfte, als Kritik zeitgenössischer Psychologie gesehen, richtig verstanden sein. Auch mit ihren störendsten Ansichten und Behauptungen kann man sich aussöhnen, wenn man weiß, gegen welche historische Vorbedingungen sie sich richten. Wenn man weiß, wie das 19. Jahrhundert, um sein Weltbild nicht zu stören, ganz natürliche Tatsachen in sentimental-moralische Tugenden umgelogen hat, dann versteht man auch etwas vom Sinn der Freud'schen Behauptung, dass der Säugling schon an der Mutterbrust seine Sexualität erlebe – eine Behauptung, welche von allen wohl am meisten Staub aufgewirbelt hat. Diese Deutung verdächtigt nämlich schon die sprichwörtliche Unschuld des Kindes an der Mutterbrust, das heißt die *Mutter-Kind-Beziehung*. Das ist das Wesentliche an dieser Behauptung, nämlich ein Schuss, gezielt auf das Herz der »heiligen Mutterschaft«. Dass Mütter Kinder austragen, ist nicht heilig, sondern natürlich. Sagt man, es sei heilig, so besteht der dringende Verdacht, dass damit etwas sehr Unheiliges zugedeckt werden soll – Freud hat es laut gesagt, was »dahintersteckt«, nur hat er unglücklicherweise den Säugling angeschwärzt statt die Mutter.

Wissenschaftlich hat die Theorie der Säuglingssexualität wenig Wert, denn es ist auch der Raupe gleichgültig, ob man von ihr sagt, sie fresse ihr Blatt mit gewöhnlichem Vergnügen oder mit Sexualvergnügen. Freuds welthistorisches Verdienst besteht nicht in diesen scholastischen Fehlgriffen der Deutung auf dem spezialwissenschaftlichen Gebiet, sondern in der seinen Ruhm begründenden und rechtfertigenden Tatsache, dass er, wie ein alttestamentlicher Prophet, falsche Götzen stürzt und mitleidslos die Fäulnis der zeitgenössischen Seele am Tageslicht ausbreitet. Überall, wo er eine schmerzhafte Reduktion vornimmt (zum Beispiel den lieben Gott des 19. Jahrhunderts als Verklärung des Herrn Papa, Anhäufen des Geldes als infantile Exkrementlust usw.), können wir sicher sein, dass eine kollektive Überschätzung oder Verfälschung vorliegt. Wo zum Beispiel tritt dem süßlichen Gott des 19. Jahrhunderts ein deus absconditus, wie bei Luther, gegenüber? Ist nicht von allen netten Leuten angenommen, dass gute Menschen auch viel Geld verdienen?

Wie Nietzsche, wie der Weltkrieg, so ist auch Freud, wie sein literarisches Gegenstück Joyce, eine Antwort auf die Krankheit des 19. Jahrhunderts. Das ist wohl sein Hauptsinn. Nach vorwärts bedeutet er kein Programm, denn es dürfte auch dem kühnsten Streben und dem stärksten Wollen auf immer unmöglich sein, alle verdrängten Inzestwünsche und alle sonstigen Inkompatibilitäten unverdrängt in menschliches Erleben überzuführen. Im Gegenteil: schon haben sich protestantische Pfarrer auf die Psychoanalyse gestürzt, weil sie ihnen ein treffliches Mittel scheint, um das Gewissen der Menschen auch noch für ganz andere als bloß bewusste Sünden zu schärfen; eine wahrhaft groteske, aber äußerst logische Wendung, die Stanley Hall prophetisch vorausgesehen hat.[12] Sogar die ärztlichen Freudianer fangen an, das Bekenntnis zu einer neuen, womöglich noch seelenloseren Verdrängung abzulegen; begreiflicherweise – denn niemand weiß, was mit den inkompatiblen Wünschen anzufangen wäre. Im Gegenteil, man sieht ein, wie verständlich es, im Grunde genommen, ist, dass solche Dinge verdrängt werden.

Freud hat – zur Linderung dieser Gewissensnot – den Begriff der Sublimierung erfunden. Die Idee der Sublimierung bedeutet nichts Geringeres als das Goldmacherkunststück, Unedles in Edles zu verwandeln, Unnützlichkeit in Nützliches, und Unbrauchbares in Verwendbares überzuführen. Wer das fertigzubringen wüsste, wäre unsterblichen Ruhmes gewiss. Leider ist die Rückverwandlung der Energie ohne Aufzehrung eines noch größeren hierfür verwendeten Energiequantums von den Physikern noch immer nicht entdeckt worden. »Sublimierung« ist bis auf Weiteres ein frommes Wunschgebilde, erfunden zur Beschwichtigung inopportuner Frager.

Ich möchte bei der Diskussion dieser Probleme das Hauptgewicht nicht auf die professionelle Schwierigkeit des praktischen Psychotherapeuten legen, sondern vielmehr auf die Tatsache, dass es dabei auch offenkundig wird, dass Freud kein Programm bedeutet. Er ist nicht nach vorwärts zu verstehen. Alles in ihm ist rückwärts orientiert, und auch dies mit einseitiger Auswahl. Nur

[12] Vgl. seine Autobiographie; Hall: Life and Confessions of a Psychologist, 1923.

woher die Dinge kommen, interessiert ihn, nicht, wohin sie gehen. Es ist mehr als ein wissenschaftliches Kausalbedürfnis, das ihn zum Ursachen-Suchen zwingt, denn sonst könnte es ihm nicht entgehen, dass gewisse psychologische Tatsachen in Wirklichkeit andere Begründungen haben als die Misslichkeiten der chronique scandaleuse.

Ein treffliches Beispiel hierfür ist seine Schrift über Leonardo da Vinci und dessen Zweimütterproblem.[13] Tatsächlich hatte Leonardo eine uneheliche Mutter und eine Stiefmutter, aber in Wirklichkeit besteht das Zweimütterproblem als mythologisches Motiv, auch wenn keine zwei Mütter real existieren. Helden haben sehr oft zwei Mütter, und für die Pharaonen war diese mythologische Sitte sogar de rigueur. Freud aber macht beim Minus-Faktum halt; er begnügt sich damit, dass dahinter *natürlich* etwas Unangenehmes oder Negatives steckt. Obschon dieses Verfahren nicht gerade »wissenschaftlich« ist, so messe ich ihm vom Standpunkt historischer Gerechtigkeit doch höheres Verdienst bei, als wenn es wissenschaftlich unanfechtbar wäre. Allzu leicht würden nämlich die *auch* vorhandenen dunkeln Hintergründe durch *wissenschaftliche* Genauigkeit verwischt, und dann wäre die welthistorische Aufgabe Freuds, eben gerade das Dunkle hinter gefälschten Fassaden aufzuzeigen, nicht erfüllt. Dabei will eine kleine wissenschaftliche Ungenauigkeit wenig bedeuten. Man hat recht eigentlich den Eindruck, wenn man seine Arbeiten aufmerksam durchgeht, dass seine wissenschaftliche Fähigkeit und ihr entsprechender Endzweck, den Freud immer wieder in den Vordergrund schiebt, heimlicherweise von seiner ihm unbewussten Kulturaufgabe benützt worden sei, und zwar auf Kosten einer wirklichen Theoriebildung. Heutzutage muss ja die Stimme des Rufenden in der Wüste wissenschaftliche Töne anschlagen, wenn sie das Ohr der Mitwelt erreichen will. Man muss ja darauf hinweisen können, dass die *Wissenschaft* es sei, die solche Ergebnisse zutage ge-

13 Freud: Eine Kindheitserinnerung des Leonardo da Vinci, 1910.

fördert hätte. Das allein überzeugt annähernd. Aber auch die Wissenschaft ist gegen die unbewusste Weltanschauung nicht gefeit. Wie leicht hätte man Leonardos »Anna selbdritt« als klassische Darstellung des mythologischen Zweimüttermotives hinstellen können! Es ist aber für Freuds spätviktorianische Psychologie und damit für ein unendlich großes Publikum sehr viel mehr gewonnen, wenn es sich »nach gründlicher Nachforschung« herausstellt, dass Leonardos respektabler Vater durch einen kleinen Irrtum des großen Künstlers Existenz verursacht hat. Dieser Hieb sitzt. Das mythologische Zweimüttermotiv ist zwar wirklich wissenschaftlich und regt darum auch nur einige wenige, denen es um unzeitgemäße Erkenntnis zu tun ist, auf. Es lässt aber das größere Publikum kalt, denn für dieses bedeutet der einseitig aufs Negative gerichtete Freud eine große Menge mehr als für die Wissenschaft.

Wissenschaft erstrebt, wie vorausgesetzt, ein unparteiisches, tendenzloses und umfassendes Urteil. Die Freud'sche Theorie dagegen ist eine Teilwahrheit im besten Falle, deshalb hat sie auch die Starrheit eines Dogmas und den Fanatismus des Ketzerrichters zum Bestande und zur Wirkung nötig. Der wissenschaftlichen Wahrheit genügt einfache Konstatierung. Die psychoanalytische Theorie hat aber geheimerweise gar nicht die Absicht, als wissenschaftliche Wahrheit zu gelten, sondern sie strebt nach Wirkung auf ein breites Publikum. Und daran erkennt man ihren Ursprung im ärztlichen Konsultationszimmer. Sie verkündet das, was der Neurotiker der Jahrhundertwende zunächst einmal gründlich einsehen muss, denn er ist eines der unbewussten Opfer der spätviktorianischen Psychologie. Die Psychoanalyse zerstört die falschen Werte in ihm persönlich, indem sie die ganze Fäulnis des toten 19. Jahrhunderts wegätzt. Insofern bedeutet die Methode einen wertvollen, ja unerlässlichen Zuwachs an praktischer Erkenntnis, welche die Erforschung der Neurosenpsychologie aufs Nachhaltigste gefördert hat. Man verdankt es der kühnen Einseitigkeit Freuds, dass die Medizin jetzt in der Lage ist, die Neurosenfälle individuell zu behandeln, und dass die Wissenschaft mit einer

Methode bereichert ist, welche es ihr erlaubt, die individuelle Seele als Forschungsobjekt zu bearbeiten. Vor Freud gab es solches nur als Kuriosum.

Insofern nun aber die Neurose keine spezifische Krankheit des nachviktorianischen Zeitalters ist, sondern sich einer allgemeinen Verbreitung in Zeit und Raum erfreut und daher auch bei Völkern oder Individuen vorkommt, welche einer besonderen Sexualaufklärung oder einer Zerstörung schädlicher Voraussetzungen in dieser Hinsicht nicht bedürfen, so ist eine Neurosen- oder Traumtheorie, die auf einem viktorianischen Vorurteil beruht, für die Wissenschaft von zum mindesten untergeordneter Bedeutung. Wäre dem nicht so, so wäre Adlers so andersartige Auffassung gänzlich wirkungslos verhallt. Adler reduziert zwar auch, aber nicht auf Lustprinzip, sondern auf Machttendenz, und zwar mit unleugbarem Erfolg. Diese Tatsache beleuchtet grell die Einseitigkeit der Freud'schen Theorie. Die Adlers ist zwar auch eine Einseitigkeit; aber zusammen mit der Freud'schen ergibt sich doch schon ein umfänglicheres und deutlicheres Bild des Ressentiments gegen den Geist des 19. Jahrhunderts. All der moderne Abfall von den Idealen der Väter spiegelt sich auch bei Adler wider.

Die menschliche Seele ist aber nicht nur ein Produkt des jeweiligen Zeitgeistes, sondern ein Ding von weit größerer Beständigkeit und Unveränderlichkeit. Das »19. Jahrhundert« ist ein bloß lokales und vorübergehendes Phänomen, das nur eine relativ dünne Staubschicht auf der alten Seele der Menschheit abgelagert hat. Wenn diese Schicht aber abgewischt ist, wenn unsere professoralen Brillengläser einmal gereinigt sind, was werden wir dann erblicken? Wie werden wir dann die Seele sehen, und wie werden wir dann eine Neurose erklären? Dieses Problem stellt sich jedem Praktiker, dessen Fälle nicht geheilt sind, auch wenn alle sexuellen Kindheitserlebnisse ausgegraben und alle Kulturwerte in trübe Elemente zersetzt sind, oder wenn der Patient zum fiktiven Normalmenschen und Gemeinschaftswesen geworden ist.

Eine allgemeine psychologische Theorie, die Anspruch auf Wissenschaftlichkeit erhebt, darf sich nicht auf die Missbildungen des 19. Jahrhunderts gründen, und eine Neurosentheorie muss auch die Hysterie bei den Maori erklären. Sobald die Sexualtheorie das enge Gebiet der Neurosenpsychologie verlässt und auf andere Gebiete, wie zum Beispiel primitive Psychologie, übergreift, springt ihre Einseitigkeit und Unzulänglichkeit in die Augen. Einsichten, die aus der Empirie von Wiener Neurosen zwischen 1890 und 1920 gewachsen sind, lassen sich schlecht auf die Probleme von »Totem und Tabu« anwenden, auch wenn dies in sehr geschickter Weise gemacht wird. Freud ist in jene tiefere Schicht des allgemein Menschlichen nicht vorgedrungen. Er durfte und konnte es nicht, ohne seiner kulturhistorischen Aufgabe untreu zu werden. Und diese Aufgabe hat er erfüllt – Aufgabe genug für ein ganzes, ruhmreiches Lebenswerk.

»Ulysses«. Ein Monolog (1932)

Vorbemerkung des Autors

Dieser in der »Europäischen Revue« erstmals abgedruckte literarische Essay ist keine wissenschaftliche Abhandlung, sowenig wie das nachfolgende Aperçu über Picasso. Wenn ich es trotzdem in die Sammlung der »Psychologischen Abhandlungen« aufnehme, so geschieht es darum, weil der »Ulysses« ein wesentliches und für unsere Zeit kennzeichnendes document humain und meine Meinungsäußerung darüber ein psychologisches Dokument ist, welches Ideen, die in meinen Werken eine nicht unbeträchtliche Rolle spielen, in praktischer Anwendung auf einen konkreten Stoff zeigt. Mein Essay entbehrt nicht nur der Wissenschaftlichkeit, sondern auch jeglicher didaktischer Absicht, und darum wolle ihm der Leser nur das Interesse einer subjektiven und unverbindlichen Meinungsäußerung zumessen.

Der Titel bezieht sich auf James Joyce und nicht auf den Vielumhergetriebenen und Erfindungsreichen der Homerischen Vorzeit, der mit List und Tat sich der Feindschaft und Rache der Götter und Menschen zu entziehen wusste und nach mühseliger Fahrt zum heimischen Herde zurückkehrte. Der Joyce'sche Ulysses ist in strengstem Gegensatz zu seinem antiken Namensvetter ein tatenloses, bloß wahrnehmendes Bewusstsein, ja ein bloßes Auge, ein Ohr, eine Nase, ein Mund, ein Tastnerv, wahl- und hemmungslos dem brausenden, chaotischen, irrsinnigen Katarakt seelischer und physischer Gegebenheiten ausgesetzt und diese – beinahe – photographisch registrierend.

»Ulysses«[14] ist ein Buch, das 735 Seiten lang daherflutet; ein Zeitstrom von 735 Stunden oder Tagen oder Jahren, die aus einem einzigen, sinnlosen Allerweltsalltag, dem tief belanglosen 16. Juni 1904 in Dublin, bestehen, an welchem im Grunde genommen nichts geschieht. Der Strom beginnt im Nichts und endet im Nichts. Eine einzige, ungeheuer lange, aufs Intrikateste verwickelte und zum Entsetzen des Lesers niemals ausgeschöpfte Strindberg'sche Wahrheit über das *Wesen* des menschlichen Lebens? Vielleicht über das »Wesen«, sicher aber über die zehntausend Oberflächen und ihre hunderttausend Unterschattierungen. Es gibt auf diesen 735 Seiten, so weit mein Blick reicht, keine sinnfälligen Wiederholungen, keine einzige selige Ruheinsel, wo der geneigte Leser, erinnerungstrunken, sich hinsetzen und einen zurückgelegten Weg – sagen wir von etwa hundert Seiten – mit Befriedigung betrachten könnte, wäre es auch nur die Erinnerung an ein Gemeinplätzchen, das sich freundlich an unerwarteter Stelle wieder eingeschlichen hätte; nein, ein erbarmungsloser, ununterbrochener Strom wälzt sich vorüber, dessen Geschwindigkeit oder Ununterbrochenheit sich auf den letzten 40 Seiten sogar bis zur Interpunktionslosigkeit steigert, um die atemberaubende oder erstickende, bis zur Unerträglichkeit gefüllte oder gespannte Leere aufs Grausamste zum Ausdruck zu bringen. Diese durchaus hoffnungslose Leere ist der Grundton des ganzen Buches. Es beginnt und endet nicht nur im Nichts, es besteht auch aus lauter Nichtsen.[15] Es ist alles höllisch nichtig, eine geradezu brillante Ausgeburt der Hölle, wenn man das Buch unter dem Gesichtswinkel eines technischen Kunststückes betrachtet.[16]

Ich hatte einen alten Onkel, welcher durchaus geradlinig

[14] Joyce: Ulysses, englische Ausgabe, 1928.

[15] Joyce spricht es selber aus (Work in Progress, in: transition 1924–1938): »We may come, touch and go, from atoms and ifs, but we are presurely destined to be odds without ends.«

[16] Curtius (James Joyce und sein Ulysses, Zürich 1929) nennt den »Ulysses« ein »luziferisches Buch … Es ist ein Werk des Antichrist.«

dachte. Er stellte mich einmal auf der Straße und fragte: »Weißt du, womit der Teufel die Seelen in der Hölle plagt?« Ich verneinte, worauf er sagte: »Er lässt sie warten.« Sprach's und ging seines Weges. Diese Bemerkung fiel mir ein, als ich erstmals durch den »Ulysses« pflügte. Jeder Satz ist eine Erwartung, die sich nicht erfüllt; schließlich erwartet man aus lauter Resignation schon gar nichts mehr, und zu seinem nochmaligen Entsetzen wird man allmählich gewahr, dass man tatsächlich das Richtige trifft. Tatsächlich geschieht nichts, es ergibt sich nichts,[17] und doch zieht einen geheime Erwartung im Widerstreit mit hoffnungsloser Resignation von Seite zu Seite. Die 735 Seiten, die nichts enthalten, bestehen beileibe nicht aus weißem Papier, sondern aus engbedrucktem. Man liest und liest und liest, und man meint zu verstehen, was man liest. Gelegentlich fällt man durch ein Luftloch in einen neuen Satz – aber man gewöhnt sich an alles, wenn man einmal den richtigen Ergebenheitsgrad erreicht hat. So las auch ich mit Verzweiflung im Herzen bis zu Seite 135, wobei ich zweimal einschlief. Die unerhörte Vielfältigkeit des Joyce'schen Stiles wirkt monoton und hypnotisch. Nichts kommt dem Leser entgegen, alles wendet sich von ihm ab und lässt ihm das Nachgaffen. Es lebt auf und davon, nicht in sich selbst vergnügt, sondern ironisch, sarkastisch, giftig, verächtlich, traurig, verzweifelt, erbittert, und zieht darum verderblicherweise die Sympathie des Lesers nach, wenn nicht hilfreicher Schlaf diese Energieverschwendung gütig unterbräche. Auf Seite 135[18] angelangt, verfiel ich endgültig

[17] Curtius: »Ein metaphysischer Nihilismus ist die Substanz von Joyces Werk.« Ebd., S. 60 f.

[18] Das Zauberwort, das einen Schlafdorn in mich senkte, findet sich S. 134 unten und S. 135 oben. Es heißt: »that stony effigy in frozen music, horned and terrible, of the human form divine, that eternal symbol of wisdom and prophecy which, if aught that the imagination or the hand of sculptor has wrought in marble of soultransfigured and of soultransfiguring deserves to live, deserves to live.« Hier blättere ich schlaftrunken eine Seite um, und mein Blick fiel auf folgende Stelle: »a man supple in combat: stonehorned, stonebearded, heart of stone.« Der Satz bezieht sich auf

in Tiefschlaf, nach verschiedenen heroischen Anstrengungen, dem Buche nahezukommen oder ihm »gerecht zu werden«, wie man so zu sagen pflegt. Als ich nach längerer Zeit wieder erwachte, hatten sich meine Ansichten soweit geklärt, dass ich das Buch nunmehr von hinten zu lesen anfing. Diese Methode erwies sich als ebenso anwendbar wie die gewöhnliche, das heißt das Buch kann auch von hinten gelesen werden, denn es gibt kein Vorwärts und kein Rückwärts in ihm, kein Oben und kein Unten. Alles hätte schon so gewesen sein oder noch so werden können in der Zukunft.[19] Man kann eine Konversation mit ebenso viel Genuss von hinten lesen, denn man knickt keine Pointen. Sie hat als Ganzes gar keine, jeder Satz ist eine Pointe. Man kann auch mitten im Satz zu lesen aufhören – der vordere Teil des Satzes hat noch genug raison d'être, um lebensfähig zu sein oder zu scheinen. Der Wurmcharakter, der zum abgeschnittenen Kopfende einen Schwanz erzeugt und zum Schwanz einen Kopf, haftet dem ganzen Buch an.

Diese unerhörte und unheimliche Eigenschaft des Joyce'schen Geistes zeigt, dass sein Werk zur Klasse der Kaltblüter gehört und speziell zu den Würmern, die, wenn sie literaturbefähigt wären, aus Ermangelung eines Großhirnes den Sympathikus zum Schreiben benutzen würden.[20] Ich vermute, dass bei Joyce etwas dergl ei-

---

Moses, der sich von der Macht Ägyptens nicht verblüffen ließ. Diese Sätze enthielten das Narkotikum, das mein Bewusstsein ausschaltete, denn sie regten einen mir noch unbewussten Gedankengang an, den das Bewusstsein nur gestört hätte. Wie ich dann später entdeckte, dämmerte mir hier zum ersten Mal die Erkenntnis von der Einstellung des Autors und von der endlichen Idee seines Werkes.

19 Aufs Höchste gesteigert in: Work in Progress, 1924–1938. Carola Giedion-Welcker sagt treffend: »Immer wiederkehrende Ideen in ewig wechselnde, verwandelbare Hüllen getaucht und in eine absolut irreale Sphäre hineinprojiziert. Eine Allzeit, ein Allraum.« (Giedion-Welcker: »Work in Progress«. Ein sprachliches Experiment von James Joyce, in: Neue Schweizer Rundschau, 1929, S. 666.)

20 In der Janet'schen Psychologie nennt man dieses Phänomen »abaisse-

chen vorliegt, also Eingeweidedenken[21] bei weitgehender Unterdrückung der Großhirntätigkeit, die in seinem Fall wesentlich auf *Wahrnehmung* beschränkt ist. Die Tätigkeit der Sinnessphären bei Joyce muss man rückhaltlos bewundern: was und wie er sieht, hört, schmeckt, riecht und tastet, ist über die Maßen erstaunlich, außen gleicherweise wie innen. Der gewöhnliche Sterbliche beschränkt sich in der Regel, wenn er Sinnessphären- oder Wahrnehmungsspezialist ist, entweder auf das Außen oder auf das Innen. Joyce kennt beides. Die Girlanden subjektiver Assoziationsreihen verschlingen sich mit den objektiven Figuren einer Dubliner Straße. Objektives und Subjektives, Äußeres und Inneres durchdringen sich gegenseitig und beständig, so sehr, dass bei aller Klarheit des Einzelbildes es zuletzt doch zweifelhaft bleibt, ob es sich um einen physischen oder einen transzendentalen Bandwurm handelt.[22] Der Bandwurm ist ein ganzer Lebenskosmos für sich und besitzt eine fabulose Fruchtbarkeit; ein, wie mir scheint, unschönes, doch nicht ganz unpassendes Bild für

---

ment du niveau mental«. Bei Geisteskranken ist es unwillkürlich, bei Joyce künstlerisch beabsichtigtes Training, wodurch der Reichtum und der groteske Tiefsinn des Traumdenkens an die wahrnehmbare Oberfläche kommt, unter Ausschaltung der »fonction du réel«, d. h. der angepassten Bewusstheit. Daher das Überwiegen von seelischen und sprachlichen Automatismen und die gänzliche Vernachlässigung von Mitteilbarkeit und ansprechendem Sinn.

21 Ich glaube, Stuart Gilbert (Das Rätsel Ulysses, 1932) hat recht, wenn er annimmt, dass jedes Kapitel neben anderen auch durch die Dominante eines Eingeweides oder Sinnesorgans präsidiert sei. Er führt an: Niere, Genitalien, Herz, Lunge, Speiseröhre, Gehirn, Blut, Ohr, Muskel, Auge, Nase, Gebärmutter, Nerven, Skelett, Fleisch. Diese Dominante funktioniert wie ein Leitmotiv. Ich habe obige Sätze über das Eingeweidedenken 1930 niedergeschrieben. Gilberts Nachweis ist mir darum eine wertvolle Bestätigung der psychologischen Tatsache, dass beim »abaissement du niveau mental« die von Wernicke aufgestellten »Organrepräsentanten« in Erscheinung treten.

22 Curtius: James Joyce und sein Ulysses, 1929, S. 30: »Er reproduziert den Strom des Bewusstseins, ohne ihn logisch oder ethisch zu filtrieren.«

Joyce'sche Kapitel. Der Bandwurm kann zwar nichts anderes als neue Bandwürmer erzeugen, aber diese in unerschöpflicher Fülle. Joyces Buch könnte ebenso gut 1470 Seiten lang sein oder ein Vielfaches davon, und noch wäre die Unendlichkeit um keinen Tropfen vermindert, und noch wäre das Wesentliche nicht gesagt. Will aber Joyce etwas Wesentliches sagen? Hat dieses altmodische Vorurteil hier noch eine Daseinsberechtigung? Oscar Wilde hält das Kunstwerk für etwas gänzlich Unnützliches. In unserer Zeit hätte sogar der Bildungsphilister dagegen nichts einzuwenden; aber sein Herz erwartet doch etwas »Wesentliches« vom Kunstwerk. Wo steckt dieses aber bei Joyce? Warum sagt er's nicht? Warum hält er es nicht dem Leser hin, mit ausdrucksvoller Gebärde darauf hinweisend – eine »Semita sancta ubi stulti non errent«?[23]

Ja, ich fühlte mich verdummt und geärgert. Das Buch wollte mir nicht entgegenkommen, nichts machte auch nur den leisesten Versuch, sich zu empfehlen, und das verursacht irritierende Minderwertigkeitsgefühle beim Leser. Das Bildungsphilisterium liegt mir offenbar dermaßen im Blute, dass ich naiverweise von einem Buch voraussetze, es wolle mir etwas sagen und es wolle verstanden sein – offenbar ein mythologischer Anthropomorphismus, auf das Objekt, das Buch, projiziert! Überhaupt dieses Buch, über das man keine Meinung haben kann – Inbegriff einer ärgerlichen Niederlage des intelligenten Lesers, der doch schließlich auch nicht … (um mich des suggestiven Joyce'schen Stiles zu bedienen). Ein Buch hat doch einen Inhalt, stellt etwas dar, aber ich verdächtige Joyce, dass er gar nicht »darstellen« wollte. Hat es am Ende *ihn* dargestellt – und darum vielleicht diese zweitlose Einsamkeit, diese Prozedur ohne Augenzeugen, diese irritierende Unhöflichkeit dem beflissenen Leser gegenüber? Joyce hat meinen Unwillen erregt. (Man soll den Leser nie mit dessen eigener Dummheit konfrontieren – »Ulysses« aber hat es zuwege gebracht.)

---

[23] Rechter Weg, auf dem die Dummen nicht irregehen können.

Ein Psychotherapeut, wie ich, treibt immer Therapie, auch an sich selber. Irritation bedeutet: »Du hast noch nicht dahinter gesehen«. Daher folge man seinem Ärger und breite vor sich aus, was die schlechte Laune eingibt: Diese Unbekümmertheit also, diese Rücksichtslosigkeit gegen den wohlwollenden, verstehen-wollenden, gütigen und gerechten Versuch[24] eines gebildeten, intelligenten Publikumsrepräsentanten, dieser Solipsismus geht mir auf die Nerven. Das ist es ja, diese kaltblütige Unbezogenheit seines Geistes, die den Regionen von den Eidechsen an abwärts zu entstammen scheint – Unterhaltung in und mit den eigenen Eingeweiden – ein Steinmensch, eben jener steingehörnte, steinbebartete, versteinerte-Eingeweide-habende Moses, der in steinerner Gelassenheit den Fleischtöpfen sowohl wie dem Pantheon Ägyptens den Rücken dreht und damit auch des Lesers bestes Wohlwollensgefühl ruchlos verletzt.

Aus dieser steinernen Unterwelt steigt die Vision des peristaltischen, wellengeschlängelten Bandwurms, der monoton wirkt wegen seiner ewigen Proglottidenproduktion. Kein Proglottide zwar ist dem anderen ganz gleich, jedoch sind sie zum Verwechseln ähnlich. In jedem auch noch so kleinen Teil des Buches ist Joyce er selbst und zugleich der alleinige Inhalt des Abschnittes. Alles ist neu und stets das von Anfang an Vorhandene. Höchste Naturgebundenheit! Welcher Reichtum und welche – Langeweile! Joyce langweilt mich zu Tränen, aber es ist eine böse, gefährliche Langeweile, wie sie auch die ärgste Banalität nicht hervorbringen könnte. Es ist die Langeweile der Natur, das öde Sausen des Windes um die Felsklippen der Hebriden, das Sonnenauf- und -untergehen der Sahara, das Rauschen des Meeres – ganz richtig, wie Curtius sagt, »Wagner'sche Motivmusik« und doch ewige Wiederholung. Trotz all der verblüffenden Mannigfaltigkeit gibt es bei Joyce (unbeabsichtigte?) Motive. Er möchte

[24] Curtius: James Joyce und sein Ulysses, 1929, S. 8: »Der Autor hat alles vermieden, was dem Leser das Verständnis erleichtern könnte.«

vielleicht keine haben; denn Kausalität wie Finalität haben in seiner Welt weder Raum noch Sinn, so wenig wie Werte. Motive aber sind unvermeidlich, sie sind das Skelett alles seelischen Geschehens, so sehr man sich auch bemühe, dem Geschehen die Seele auszulaugen, wie dies Joyce mit Konsequenz tut. Alles erscheint, als ob es seelenlos wäre, alles warme Blut ist erkaltet, und in eisigem Egoismus rollen Geschehnisse vorüber – und was für Geschehnisse! Auf alle Fälle nichts Liebliches, nichts Erquickendes, nichts Hoffnungsvolles, sondern Graues, Grausiges, Grauenhaftes, Pathetisches, Tragisches und Ironisches, alles Erlebnisse der Schattenseite, dermaßen chaotisch, dass man Motivzusammenhänge mit der Lupe suchen muss. Und doch sind sie vorhanden, zunächst in Form uneingestandener Ressentiments persönlichster Natur, Überreste einer mit Gewalt abgeschnittenen Jugendgeschichte; Ruinen der Geistesgeschichte überhaupt, in ihrem erbärmlichen nackten So-Sein der gaffenden Menge exhibiert. Die religiöse, erotische und familiäre Vorgeschichte spiegelt sich auf trüben Flächen des Stromes der Ereignisse; ja sogar die Zersetzung seiner Persönlichkeit in den banal-materiellen Empfindungsmenschen Bloom und den beinahe gasförmigen, spekulativen Geistesmenschen Stephen Daedalus, wobei Ersterer keinen Sohn und Letzterer keinen Vater hat, wird offenbar.

Irgendwelche geheimen Ordnungen oder Entsprechungen der Kapitel mögen vorhanden sein – es bestehen in dieser Hinsicht anscheinend begründete Vermutungen[25] –, jedenfalls aber sind sie so gut verhüllt, dass ich zunächst nichts davon wahrgenommen habe. Mein gereiztes Unvermögen hätten sie auch gar nicht interessiert, genauso wenig wie die Monotonie irgendeiner menschlichen Durchschnittskomödie.

Der »Ulysses«, den ich schon 1922 in der Hand und nach nicht allzu viel Lektüre enttäuscht und geärgert wieder weggelegt

[25] Vgl. Curtius: James Joyce und sein Ulysses, 1929, S. 25 ff., und Gilbert: Das Rätsel Ulysses, 1932.

hatte, langweilt mich auch heute noch wie damals. Warum ich aber über ihn schreibe? Ich hätte dies ebenso wenig getan wie über irgendeine andere Form von »Surrealisme« (was ist surrealisme?), die mein Verständnis übersteigt. Ich schreibe über Joyce, weil ein Verleger die Unvorsichtigkeit begangen hat, mich zu fragen, was ich über ihn denke, respektive über den »Ulysses«, über welchen bekanntlich die Meinungen noch geteilt sind. Unzweifelhaft ist einzig, dass der »Ulysses« ein Buch von zehn Auflagen ist und dass sein Autor teils verhimmelt, teils verdammt wird. Aber er steht im Mittelpunkt der Diskussion und bedeutet darum auf alle Fälle ein Phänomen, dem der Psychologe nicht ohne Weiteres vorübergehen sollte. Joyce hat eine ganz erhebliche Wirkung auf seine Zeitgenossen. Und das ist die Tatsache, die mich am »Ulysses« zunächst am meisten interessierte. Wäre dieses Buch sang- und klanglos in der Tiefe der Vergessenheit verschwunden, so hätte ich es wohl nicht mehr zurückgeholt: es ärgerte mich ausgiebig, amüsierte mich ein wenig, in der Hauptsache aber bedeutete es mir bedrohliche Langeweile; ich fürchtete nämlich, es sei eine Geburt negativer Schöpferlaune, denn es wirkte nur negativ auf mich.

Ich bin aber voreingenommen. Ich bin Psychiater, und das bedeutet professionelle Voreingenommenheit aller seelischen Erscheinung gegenüber. Davor warne ich den Leser: die menschliche Durchschnittstragikomödie, die kalte Schattenseite des Daseins, das trübe Grau des seelischen Nihilismus sind mein tägliches Brot, eine abgeleierte Melodie, schal und ohne Reiz. Es erschüttert und ergreift mich nichts daran, denn ich habe solchem lamentablen Zustand zu oft beruflich abzuhelfen. Ich muss immer etwas dagegen tun und Mitleid nur da verschwenden, wo man mir nicht den Rücken kehrt. Der »Ulysses« kehrt mir den Rücken. Er will nicht; er will seine endlose Melodie ins Endlose weiter singen, die Melodie, die ich bis zum Überdruss kenne, zusammen mit dem sich stets wiederholenden Strickleitersystem des Eingeweidedenkens und der auf bloße Wahrnehmung beschränkten Gehirntätigkeit, ein Zustand, der sich selbst bestätigen will und keinen Ansatz zur Rekonstruktion zeigt. (Der Leser fühlt sich peinlichst übergangen.) Das Zerstörerische scheint zum Selbstzweck erhoben zu sein.

Aber nicht nur das, sondern auch die Symptomatologie! Allzubekanntes klingt an: das sind die endlosen Schriftstücke der Geisteskranken, die nur über ein fragmentarisches Bewusstsein verfügen und daher an völliger Urteilslosigkeit und Wertatrophie leiden. Dafür tritt oft eine Erhöhung der Sinnestätigkeit ein: akkurateste Beobachtung, photographisches Gedächtnis für Wahrnehmungen, Sinnesneugierde nach innen und außen und das Überwiegen retrospektiver Motive und Ressentiments, deliriöse Durcheinandermischung von subjektiv Psychischem mit objektiver Wirklichkeit, eine Darstellung, die mit ihren Wortneubildungen, fragmentarischen Zitaten, klang- und sprachlichmotorischen Assoziationen, abrupten Übergängen und Sinnesunterbrechungen auf den Leser nicht die geringste Rücksicht nimmt, und eine Atrophie des Gefühles,[26] die vor keiner Ungereimtheit und keinem Zynismus zurückschreckt. Es dürfte auch dem Laien nicht allzu schwerfallen, die Analogie des schizophrenen Geisteszustandes mit dem des »Ulysses« zu sehen. Die Ähnlichkeit ist sogar so bedenklich, dass ein unwilliger Leser leicht das Buch mit der Diagnose »Schizophrenie« zur Seite legt. Für den Psychiater ist die Analogie frappant; immerhin aber würde er hervorheben, dass ein für geisteskranke Produkte charakteristisches Merkmal, die Stereotypie, in auffallendem Maße fehlt. »Ulysses« ist alles, nur nicht monoton im Sinne der Wiederholung. (Das ist kein Widerspruch zu dem früher Gesagten. Man kann über den »Ulysses« überhaupt nichts Widerspruchsvolles sagen.) Die Darstellung ist konsequent und fließend, alles ist bewegt und nichts ist fixiert. Das Ganze ist getragen von einem unterirdischen, lebendigen Flusse, der einheitliche Tendenz und strengste Wahl zeigt; ein un-

[26] Gilbert: Das Rätsel Ulysses, 1932, S. 12, spricht von »absichtlicher Gefühlsdeflation«.

verkennbares Anzeichen für das Bestehen eines einheitlichen, persönlichen Willens und einer zielgerichteten Absicht! Die geistigen Funktionen erscheinen nicht spontan und wahllos, sondern unterliegen strengster Kontrolle. Durchwegs sind die Wahrnehmungsfunktionen, Empfindung und Intuition, vorgezogen, während die Urteilsfunktionen, Denken und Fühlen, ebenso konsequent unterdrückt sind. Letztere erscheinen bloß als Inhalte, als Objekte der Wahrnehmung. Die allgemeine Tendenz, ein Schattenbild von Geist und Welt herauszustellen, ist durchgehend, trotz häufiger Versuchung, einer auftauchenden Schönheit zu erliegen, festgehalten. Das sind Züge, die sich beim gewöhnlichen Geisteskranken nicht finden. Es bliebe also noch der *ungewöhnliche* Geisteskranke. Bei diesem fehlt aber dem Psychiater das Kriterium. Geistige Abnormität kann auch eine dem Durchschnittsverstand unfassbare Gesundheit oder überlegene Geisteskraft sein.

Es würde mir nie einfallen, den »Ulysses« für ein schizophrenes Produkt zu erklären. Überdies wäre damit auch nichts gewonnen, denn wir wollen ja wissen, warum der »Ulysses« so große Wirkung hat, und nicht, ob der Autor in leichterem oder schwererem Grade schizophren sei. Der »Ulysses« ist ebenso wenig ein krankhaftes Produkt wie die ganze moderne Kunst. Er ist in tiefstem Sinne »kubistisch«, indem er das Bild der Wirklichkeit in ein unabsehbar komplexes Gemälde auflöst, dessen Grundton die Schwermut abstrakter Sachlichkeit ist. Kubismus ist nicht Krankheit, sondern Tendenz, ob er nun die Wirklichkeit grotesk gegenständlich oder ebenso grotesk abstrakt wiedergibt. Das Krankheitsbild der Schizophrenie ist eine bloße Analogie dazu, indem der Schizophrene anscheinend dieselbe Tendenz hat, die Wirklichkeit sich zu entfremden, oder – umgekehrt – sich der Wirklichkeit zu entfremden. Bei ihm ist es allerdings in der Regel nicht erkennbare Absicht, sondern ein Symptom, das sich aus der ursprünglichen Zersetzung der Persönlichkeit in Persönlichkeitsfragmente (sogenannte autonome Komplexe) mit Notwendigkeit ergibt. Beim modernen Künstler ist es nicht individuelle Krankheit, welche diese Tendenz erzeugt, sondern *Zeiterscheinung*. Er gehorcht keinem individuellen Impuls, sondern einer kollektiven Strömung, die allerdings nicht unmittelbar im Bewusstsein, sondern vielmehr im kollektiven Unbewussten der modernen Psyche ihre Quelle hat. Weil es sich um eine kollektive Erscheinung handelt, so wirkt sie sich auch auf den verschiedensten Gebieten identisch aus, in der Malerei sowohl wie in der Literatur, in der Skulptur sowohl wie in der Architektur. (Es ist übrigens bezeichnend, dass einer der geistigen Väter dieser Erscheinung ein wirklicher Geisteskranker war – van Gogh.)

Die Verhunzung von Schönheit und Sinn durch groteske Sachlichkeit oder durch ebenso groteske Unwirklichkeit ist beim Kranken eine Folgeerscheinung der Zerstörung seiner Persönlichkeit, beim Künstler aber schöpferische Absicht. Ferne davon, in seiner Kunstschöpfung den Ausdruck der Zerstörung seiner Persönlichkeit zu erleben und zu erleiden, findet der moderne Künstler im Zerstörerischen geradezu die Einheit seiner künstlerischen Person. Die mephistophelische Verkehrung von Sinn in Unsinn, von Schönheit in Hässlichkeit, die beinahe schmerzhafte Sinnähnlichkeit des Unsinns und die geradezu aufreizende Schönheit des Hässlichen drücken einen Schöpferakt aus, den die Geistesgeschichte in ähnlichem Ausmaß noch nicht erlebt hat, obschon er an und für sich nichts prinzipiell Neues ist. Etwas Ähnliches beobachten wir in der perversen Stiländerung Amenophis' IV., in der blöden Lämmchensymbolik des ersten Christentums, in der jammervollen Menschengestalt der präraphaelitischen Primitiven und in der sich selbst erstickenden Verschnörkelung des ausgehenden Barocks. Trotz ihrer äußersten Verschiedenheit haben alle diese Epochen eine innere Verwandtschaft: Es sind schöpferische Inkubationszeiten, deren Sinn durch kausale Betrachtung ganz unbefriedigend erklärt ist. Solch kollektive psychologische Erscheinungen enthüllen ihren Sinn nur dann, wenn sie als Antizipationen, das heißt teleologisch betrachtet werden.

Die Epoche des Amenophis (Echnaton) ist die Wiege des ersten Monotheismus, der durch jüdische Tradition der Welt erhalten blieb. Der barbarische Infantilismus des frühen Christentums bedeutete nichts anderes als die Verwandlung des römischen Imperiums in einen Gottesstaat. Die Primitiven sind die eigentlichen Vorläufer einer seit der frühen Antike aus der Welt verschwundenen, unerhörten leiblichen Schönheit. Der Barock ist der letzte lebendige Kirchenstil, der in seiner Selbstzerstörung die Überflügelung des mittelalterlichen dogmatischen Geistes durch den wissenschaftlichen Geist vorwegnimmt. Ein Tiepolo, der bereits die Gefahrgrenze der malerischen Darstellung erreicht, ist, als künstlerische Persönlichkeit betrachtet, keine Zerfallserscheinung, sondern arbeitet in schöpferischer Ganzheit auf eine nötig werdende Zersetzung hin. Die Abwendung des frühen Christen von Kunst und Wissenschaft seiner Zeit bedeutet für diesen keine Verödung, sondern menschlichen Gewinn.

Deshalb dürfen wir nicht nur dem »Ulysses«, sondern auch der ihm geistesverwandten Kunst überhaupt positiven schöpferischen Wert und Sinn beimessen. In Bezug auf Zerstörung bisheriger Kriterien von Schönheit und Sinn leistet der »Ulysses« Hervorragendes. Er beleidigt das hergebrachte Gefühl, er brutalisiert die bisherige Erwartung von Sinn und Inhalt, er ist ein Hohn auf alle Synthese. Es wäre übelwollen, in ihm irgendwelche Synthese oder »Gestaltung« auch nur zu wittern, denn – gelänge der Nachweis solch unmoderner Tendenzen – dann hätte man dem »Ulysses« einen empfindlichen Schönheitsfehler nachgewiesen. Alles, was man über den »Ulysses« zu schimpfen hat, beweist dessen Qualität; denn man schimpft aus dem Ressentiment des Unmodernen, der nicht sehen will, was ihm »die Götter« noch »gnädig verhüllen«.

Das nicht zu Bändigende, das nicht Einzufangende, das bei Nietzsche in den dionysischen Überschwang emporschwoll und seinen psychologischen Intellekt (der dem Ancien Régime alle Ehre gemacht hätte) überflutete, kommt bei den Modernen endlich in reiner Form heraus. Selbst die dunkelsten Phasen des »Faust«, 2. Teil, »Zarathustra«, ja »Ecce Homo« noch, wollten sich der Welt so oder so empfehlen. Aber erst die Modernen haben es erreicht, die Kunst der Rückenseite, oder die Rückseite der Kunst zu erschaffen, das heißt jene Kunst, die sich nicht mehr, weder laut noch leise, empfiehlt, die endlich laut sagt, was es denn ist, das nicht mehr mittun will, die nun mit jenem widerspenstigen Gegenwillen spricht, der bei allen Vorläufern der Moderne (Hölderlin nicht zu vergessen!) sich zwar zaghaft, aber doch merklich störend dazwischen drängte und alte Ideale zum Abbröckeln brachte.

Es ist wohl ganz unmöglich, aus einem einzelnen Gebiete heraus klar zu erkennen, worum es sich handelt. Wir haben es ja nicht mit einem einmaligen Anstoß, der irgendwo an einer bestimmten Stelle erfolgte, zu tun, sondern mit einer beinahe universalen Umschichtung des modernen Menschen, der offenbar eine ganze alte Welt abschüttelt. Da wir leider nicht in die Zukunft sehen können, so wissen wir nicht, inwiefern wir – im tiefsten Verstande genommen – noch zum Mittelalter gehören. Wenn wir – von der höheren Warte der Zukunft betrachtet – noch bis über die Ohren drinsteckten, so würde es mich wenigstens nicht wundern. Denn einzig ein solcher Sachverhalt könnte befriedigend erklären, warum es Bücher oder Kunstwerke in der Art des »Ulysses« gibt. Es sind überaus drastische Purganzen, deren volle Wirkung ins Leere verpuffen würde, wenn sie nicht auf einen entsprechenden hartnäckigen und verstockten Widerstand träfen. Es sind eine Art von psychologischen Drastika, die nur da Sinn haben, wo es sich um zähestes oder härtestes Material handelt. Sie haben das mit der Freud'schen Theorie gemeinsam, dass sie mit fanatischer Einseitigkeit Werte unterhöhlen, die sowieso schon etwas überhängen.

Scheinbar von beinahe wissenschaftlicher Sachlichkeit, zum Teil sogar »wissenschaftliche« Wortsprache benutzend, ist der »Ulysses« doch von wahrhaft unwissenschaftlicher Einseitigkeit, er ist bloße Negation. Aber als solche schöpferisch. Er ist *schöpfe-*

rische Zerstörung, keine herostratische Schauspielergeste, sondern eine ernsthafte Bemühung, die Wirklichkeit, wie sie *auch* ist, dem Zeitgenossen unter die Nase zu reiben, nicht mit böswilliger Absicht, sondern mit der unschuldsvollen Naivität der künstlerischen Sachlichkeit. Man darf das Buch ruhig pessimistisch nennen, wenn schon am alleräußersten Ende, ungefähr auf der letzten Seite, ein erlösendes Licht ahnungsvoll durch die Wolken bricht. Es ist nur *eine* Seite gegen 734, die alle dem Orkus entstiegen sind. Hie und da glänzt ein herrlicher Kristall im schwarzen Schlammstrom, wobei es auch dem Unmodernen aufgehen könnte, dass Joyce ein Künstler ist, der »es kann« – was beim heutigen Künstler keineswegs selbstverständlich ist –, der sogar ein Meister ist; aber ein Meister, der aus höherem Zwecke fromm auf sein bisheriges Können verzichtet. Joyce ist auch in der Umkehrung (nicht zu verwechseln mit »Bekehrung«) ein frommer Katholik geblieben: Er verwendet sein Dynamit hauptsächlich für Kirchen und sonstige von Kirchen erzeugte oder beeinflusste psychologische Strukturen. Seine »Gegen«-Welt ist die hochmittelalterliche, gänzlich provinzielle, eo ipso katholische Atmosphäre Erins, das sich seiner politischen Selbstständigkeit krampfhaft zu freuen versucht. Aus allen fremden Ländern, in denen am »Ulysses« geschrieben wurde, hat der Autor treu und unverwandt auf Mutter Kirche und Irland zurückgeblickt, das fremde Land nur als Anker benutzend, der sein Schiff vor dem Mahlstrom seiner irischen Reminiszenzen und Ressentiments sichern musste. Die Welt aber hat ihn – wenigstens im »Ulysses« – nie erreicht, nicht einmal als stillschweigende Voraussetzung. Ulysses sucht nicht sein Ithaka, sondern macht im Gegenteil verzweifelte Anstrengungen, sich seiner irischen Geburt zu entledigen.

Eigentlich ein nur lokal interessantes Gebaren, das die weitere Welt kaltlassen könnte! Aber es lässt sie nicht kalt. Das lokale Phänomen scheint mehr oder weniger universell zu sein, nach seiner zeitgenössischen Wirkung zu urteilen. Also muss es auf die Zeitgenossen im Allgemeinen passen. Es muss eine Gemeinde

Moderner geben, die so zahlreich sind, dass sie seit 1922 zehn Auflagen des »Ulysses« zu verschlingen vermochten. Das Buch muss ihnen etwas sagen, vielleicht sogar etwas offenbaren, was sie zuvor nicht wussten und nicht fühlten. Sie sind nicht höllisch gelangweilt durch das Buch, sondern gefördert, erfrischt, belehrt, bekehrt oder umgekehrt, offenbar in irgendeinen wünschenswerten Zustand versetzt, ohne den nur der bösartigste Hass es dem Leser ermöglichen könnte, das Buch von Seite 1 bis 735 mit Aufmerksamkeit und ohne fatale Schlafanfälle durchzulesen. Ich vermute daher, dass das mittelalterliche, katholische Irland eine mir bis jetzt unbekannte, unendlich viel größere geographische Ausdehnung hat, als auf den gewöhnlichen Landkarten angegeben ist. Dieses katholische Mittelalter mit seinen Messrs. Daedalus and Bloom scheint sozusagen universell zu sein, das heißt es muss beinahe Bevölkerungsklassen geben, die wie der »Ulysses« an geistige Örtlichkeit dermaßen verhaftet sind, dass es der Joyce'schen Sprengmittel bedarf, um ihre hermetische Abschließung zu durchbrechen. Ich bin davon überzeugt, dass dem so ist: man steckt noch tief im Mittelalter. Daran ist nicht zu rütteln. Darum bedarf es solcher Negativ-Propheten wie Joyce (oder Freud), um dem über und über präjudizierten mittelalterlichen Zeitgenossen die Auch-Wirklichkeit klarzumachen.

Diese gigantische Aufgabe würde der natürlich schlecht erfüllen, welcher mit christlichem Wohlwollen unwillige Augen auf die Schattenseite der Welt zu lenken versuchte. Das würde zu einer gänzlich unbeteiligten »Schau« führen. Nein – Joyce ist darin ein Meister – diese Offenbarung muss mit der entsprechenden Einstellung geschehen. Einzig dadurch wird das Spiel negativer emotionaler Kräfte ausgelöst. Der »Ulysses« zeigt es, wie man Nietzsches »tempelschänderischen Griff rückwärts« machen muss. Er macht ihn vor, kalt und sachlich, dermaßen »entgöttert«, wie selbst Nietzsche es nie träumte. All dies mit der stillen, aber durchaus richtigen Voraussetzung, dass die faszinierende Wirkung der geistigen Örtlichkeit nichts mit dem Verstande, sondern alles mit dem Gemüt zu tun hat! Man lasse sich nicht durch den Gedanken verwirren, dass Joyce eine schauerlich öde, gott- und geistlose Welt zeige, und dass es darum unbegreiflich sei, wenn jemand auch nur irgendetwas Erquickliches aus seinem Buch herausholen könne. So seltsam dies klingen mag, so ist es doch wahr, dass die Welt des »Ulysses« eine *bessere* ist als die Welt derer, welche hoffnungslos an das Düster ihrer geistigen Geburtsörtlichkeit gebunden sind. Wenn auch das Böse und Zerstörerische überwiegt, so lebt es doch am Lichte neben oder sogar vielleicht über dem »Guten«, dem althergebrachten »Guten«, das sich aber in der Wirklichkeit als ein unduldsamer Tyrann erweist, als ein illusionäres System von Vorurteilen, das den möglichen Reichtum des wirklichen Lebens aufs Grausamste beschneidet und auf alle daran Verhafteten einen auf die Dauer unerträglichen Denk- und Gewissenszwang ausübt. »Sklavenaufstand in der Moral« wäre ein Nietzsche'sches Motto für den »Ulysses«. Das Erlösende für den Gebundenen ist die »Sachliche« Anerkennung seiner Welt und seines So-Seins. Wie der Edelbolschewist sich seiner Unrasiertheit freut, so beglückend ist es für den gebundenen Geist, es einmal objektiv sagen zu können, wie es in seiner Welt ist. Wohltat ist es dem Geblendeten, das Dunkel über das Licht zu setzen, und die grenzenlose Wüste ist das Paradies für den Gefangenen. Für den mittelalterlichen Menschen bedeutet es schlechthin Erlösung, einmal nicht mehr schön, gut und sinnvoll zu sein; denn für den Schattenmenschen sind Ideale keine schöpferischen Taten oder Leuchtfeuer auf hohen Bergen, sondern Zuchtmeister und Gefängnisse, eine Art von metaphysischer Polizei, ursprünglich von dem tyrannischen Hordenführer Moses auf dem Sinai oben ausgeklügelt und dann mit einem geschickten Bluff der Menschheit aufgezwungen.

Kausal betrachtet ist Joyce ein Opfer der katholischen Autorität, teleologisch aber ein Reformator, dem die Negation vorderhand genügt; ein Protestant, der bis auf Weiteres von seinem Protest lebt. Kennzeichnend aber für den Modernen ist die Gefühlsatrophie, die sich erfahrungsgemäß immer dort als Reaktion findet, wo zu viel Gefühl und besonders zu viel falsches Gefühl vorhanden war. Die Gefühllosigkeit des »Ulysses« erlaubt den Rückschluss auf heillose Sentimentalität. Ist man heutzutage wirklich noch so sentimental?

Wiederum eine Frage, die man aus einer fernen Zukunft beantworten sollte! Immerhin haben wir einige Anhaltspunkte dafür, dass unser Sentimentenschwindel ganz ungebührliche Proportionen besitzt. Man denke an die geradezu katastrophale Rolle der populären Sentimente zur Kriegszeit! Man denke an unsere sogenannte Humanität! Wie sehr jeder Einzelne das hilflose, aber nicht bedauernswerte Opfer seiner Sentimente ist, davon hätte der Psychiater wohl das meiste zu sagen. Sentimentalität ist ein der Brutalität aufgesetzter Überbau. Die Gefühllosigkeit ist die dazugehörige Gegenposition, die unvermeidlich an denselben Mängeln leidet. Der Erfolg des »Ulysses« beweist, dass auch seine Gefühllosigkeit *positiv* wirkt; darum muss man auf ein vorhandenes Übermaß an Sentimenten schließen, deren Dämpfung dem Individuum als zuträglich erscheint. Ich bin ebenfalls aufs Tiefste davon überzeugt, dass wir nicht nur im Mittelalter, sondern auch in Sentimentalität befangen sind und es deshalb durchaus begreiflich finden müssen, wenn ein Prophet kompensierender Gefühllosigkeit unserer Kultur ersteht. Propheten sind immer unsympathisch und haben in der Regel schlechte Manieren. Aber es heißt, dass sie bisweilen den Nagel auf den Kopf treffen. Es gibt bekanntlich die großen und die kleinen Propheten; zu welchen Joyce nun gehört, darüber wird die Geschichte entscheiden. Der Künstler ist das Sprachrohr der seelischen Geheimnisse seiner Epoche, unwillkürlich, wie jeder echte Prophet, bisweilen unbewusst wie ein Somnambuler. Er wähnt, aus sich zu sprechen, aber der Geist der Epoche ist sein Wortführer, und was dieser sagt, *ist,* denn es wirkt.

Der »Ulysses« ist ein document humain unserer Zeit, und noch mehr: *Er ist ein Geheimnis.* Wohl ist es wahr, dass er geistig

Gebundene lösen kann, und dass seine Kälte die Sentimentalität, ja sogar das normale Gefühl bis ins Mark gefrieren lässt. Aber diese heilsamen Wirkungen erschöpfen sein Wesen nicht. Dass der Böse selber dem Werk zu Gevatter stand, ist ein interessantes Aperçu, befriedigt aber nicht. Es ist Leben darin, und Leben ist nie nur böse und zerstörerisch. Alles zwar, was wir zunächst an diesem Buch fassen können, ist negativ und auflösend, aber man ahnt etwas Unfassbares, einen geheimen Zweck, der ihm Sinn verleiht und damit Güte. Sollte dieser bunte Wort- und Bilderteppich am Ende »symbolisch« sein? Ich meine – um Himmels willen – keine Allegorie, sondern Symbol als Ausdruck unfassbarer Wesenheit. Wäre dem so, so müsste wohl irgendwo verborgener Sinn durchs seltsame Gewebe schimmern, hier und dort müssten Töne erklingen, die man zu anderen Zeiten und an anderen Orten auch schon vernommen, und wär's in seltenen Träumen oder in dunkeln Weisheiten vergessener Völker. Man kann diese Möglichkeit nicht bestreiten, aber ich kann den Schlüssel nicht finden. Das Buch scheint mir im Gegenteil mit höchster Bewusstheit geschrieben; es ist kein Traum und keine Offenbarung des Unbewussten. Es ist sogar von stärkerer Absichtlichkeit und ausschließlicherer Tendenz als Nietzsches »Zarathustra« oder Goethes »Faust«, 2. Teil. Das ist wohl der Grund, warum »Ulysses« der symbolische Charakter fehlt. Man ahnt zwar archetypische Hintergründe; hinter Daedalus und Bloom stehen wohl die ewigen Figuren des geistigen und des sinnlichen Menschen, Mrs. Bloom verdeckt vielleicht eine in Diesseitigkeit verstrickte Anima, Ulysses selber wäre der Held – aber das Werk zielt in keiner Weise auf diese Hintergründe, sondern eben gerade davon weg in die breiteste und hellste Bewusstheit. Es ist offenbar nicht symbolisch und will es unter keinen Umständen sein. Wäre es trotzdem in gewissen Partien symbolisch, so hätte das Unbewusste wohl dem Autor trotz größter Vorsicht einen Streich gespielt. Denn »symbolisch« heißt, dass unfassbare, mächtige Wesenheit dem Objekt, sei es Geist oder Welt, verborgen innewohnt; und der Mensch macht eine verzweifelte Anstrengung, das außer ihm bestehende Geheimnis in einen Ausdruck zu bannen. Zu diesem Zweck muss er sich dem Objekt mit allen seinen Geisteskräften zuwenden und durch alle schillernden Hüllen dringen, um das in unbekannten Tiefen eifersüchtig versteckte Gold ans Tageslicht zu bringen.

Das Erschütternde am »Ulysses« aber ist, dass hinter Abertausenden von Hüllen nichts steckt, dass er sich weder dem Geiste noch der Welt zuwendet, und dass er kalt wie der Mond, aus kosmischer Ferne schauend,[27] die Komödie des Werdens, Seins und Vergehens sich abrollen lässt. Ich hoffe ernstlich, der »Ulysses« sei nicht symbolisch; denn sonst hätte er seinen Zweck verfehlt. Welch ängstlich gehütetes Geheimnis müsste es wohl sein, das 735 unerträgliche Seiten lang mit beispielloser Sorgfalt zugedeckt wurde? Besser, man verliere keine Zeit und Mühe an unfruchtbare Schatzgräberei. Es darf gar nichts dahinter sein, denn sonst wäre unser Bewusstsein wieder in Geist und Welt hineingerissen, Messrs. Daedalus and Bloom in Ewigkeit perpetuierend, genarrt von den zehntausend Oberflächen. Das eben will der »Ulysses« verhindern; er will ein Mondauge sein, ein vom Objekte gelöstes Bewusstsein, weder von Göttern noch von Wollust verhaftet, weder durch Liebe noch durch Hass, weder durch Überzeugung noch durch Vorurteil gebunden. »Ulysses« sagt es nicht, aber er tut es: *Loslösung des Bewusstseins*[28] ist das Ziel, das hinter der Nebelwand dieses Buches aufdämmert. Das ist wohl das Geheimnis des neuen Weltbewusstseins, welches dem offenbar wird, der

[27] Gilbert: Das Rätsel Ulysses, 1932, S. 406 (Anmerkungen): »… den Kosmos sozusagen mit dem *Auge Gottes* zu schauen.« (Von Jung hervorgehoben.)

[28] Gilbert: Das Rätsel Ulysses, 1932, hebt diese Loslösung ebenfalls hervor. Er sagt auf S. 11: »Heitere Loslösung bestimmt die Haltung des Dichters …« (Hinter »heiter« muss ich ein Fragezeichen setzen.) »Alle geistigen oder materiellen, erhabenen oder lächerlichen Tatsachen besitzen für den Künstler denselben Wert … Diese Loslösung, die genauso absolut ist, wie die Gleichgültigkeit der Natur ihren Geschöpfen gegenüber, ist wohl eine der Ursachen des ›Realismus‹ des ›Ulysses‹.« (S. 12)

nicht die 735 Seiten gewissenhaft gelesen, sondern 735 Tage lang seine Welt und seinen Geist mit den Augen des Ulysses angeschaut hat. Diese Zeitspanne ist symbolisch zu verstehen – »eine Zeit, Zeiten, und eine halbe Zeit« –, es soll eine genügend lange Zeit sein, eine unbestimmte Dauer, in der sich die Wandlung zu vollziehen vermag. Die *Loslösung des Bewusstseins* – homerisch: der herrliche Dulder Odysseus, die Enge des Meeres zwischen Skylla und Charybdis durchschiffend, zwischen den Symplegaden Geist und Welt – im Dubliner Hades: zwischen Father John Conmee und dem Vizekönig von Irland »ein zerknüllter Zettel, der gleich wieder weggeworfen wird«, den Liffey hinunterschwimmend: »Elijah, skiff, light crumpled throwaway, sailed eastward by flanks of ships and trawlers, amid an archipelago of corks beyond new Wapping street past Benson's ferry, and by the threemasted schooner *Rosevean* from Bridgewater with bricks.«[29]

Diese Loslösung des Bewusstseins, diese Entpersönlichung der Persönlichkeit, könnte dies das Ithaka der Joyce'schen Odyssee sein?

Man möchte meinen, dass in einer Welt von lauter Nichtsen wohl einzig das Ich, James Joyce, übrig bleibe. Hat man aber bemerkt, dass unter all den unseligen Schatten-Ich ein einziges wirkliches Ich vorkommt? Gewiss, jede Figur im »Ulysses« ist von unübertrefflicher Wirklichkeit, sie könnten gar nicht anders sein, als sie sind; sie sind sie selbst in jeglicher Hinsicht, und doch haben sie kein Ich, keinen akut bewussten, so menschlichen Mittelpunkt, jene von warmem Herzblut umflossene Ich-Insel, die – ach – so klein und doch so lebenswichtig ist. Alle die Daedalus', Blooms, Harries, Lynchs, Mulligans und wie sie alle heißen, reden und wandeln wie in einem gemeinsamen Traum, der nirgends anfängt und nirgends aufhört, der nur darum ist, weil »Niemand«, ein unsichtbarer Odysseus, ihn träumt. Keiner weiß es, und doch leben alle, weil ein Gott sie leben heißt. So ist ja das Leben, und

[29] Joyce, Ulysses, 1928, S. 239.

darum sind die Joyce'schen Gestalten so wirklich – vita somnium breve. Aber jenes Ich, das sie alle umfasst, erscheint nirgends. Es verrät sich durch nichts, durch kein Urteil, durch keine Anteilnahme, durch keinen Anthropomorphismus. Das Ich des Schöpfers dieser Gestalten ist nicht mehr aufzufinden. Es ist, als ob es sich in die zahllosen Figuren des »Ulysses« aufgelöst hätte.[30] Und doch oder vielmehr eben darum ist alles und jedes, sogar die fehlende Interpunktion des Schlusskapitels, Joyce *selbst.* Sein losgelöstes, anschauendes Bewusstsein, das das zeitlose Beisammensein der Geschehnisse des 16. Juni 1904 mit *einem* Blick teilnahmslos umfasst, muss zu dieser Erscheinung sagen: Tat twam asi – das bist du – »du« in höherem Sinne: kein Ich, sondern das Selbst; denn allein das Selbst umfasst das Ich und das Nicht-Ich, die Unterwelt, die Eingeweide, die »imagines et lares« und den Himmel.

Wenn ich »Ulysses« lese, so tritt mir immer jenes von Wilhelm veröffentlichte chinesische Bild des Yogin vor Augen, dessen Haupt die 25 Gestalten entsteigen.[31] Dieses Bild schildert den geistigen Zustand des Yogin, der im Begriff steht, sich seines Ichs zu entledigen, um in jenen völligeren, objektiveren Zustand des Selbst hinüberzugehen, in den Zustand der »einsam ruhenden Mondscheibe«, des sat-chit-ananda, eines Inbegriffs von Sein-Nichtsein – letztes Ziel des östlichen Erlösungsweges, kostbarste Perle der Weisheit Indiens und Chinas, gesucht und gepriesen durch die Jahrtausende.

Der »Zerknüllte Zettel, der gleich wieder fortgeworfen wird«, schwimmt nach dem Osten. Dreimal kommt dieser Zettel im »Ulysses« vor, jedes Mal in geheimnisvoller Weise mit »Elijah« (Elias) verbunden. Zweimal heißt es: »Elias kommt«. Tatsächlich erscheint er in der Bordellszene (von Middelton Murry mit Recht

---

[30] Wie Joyce selber sagt (A Portrait of the Artist as a Young Man, 1930, S. 245): »Der Künstler steht wie der Gott der Schöpfung in oder hinter oder jenseits oder über seinem Werk, ist unsichtbar, ohne eigenes Leben, gleichgültig und macht sich die Fingernägel sauber.«

[31] Wilhelm: Das Geheimnis der Goldenen Blüte, 1938.

der Walpurgisnacht angenähert), wo er in amerikanischem Slang das Geheimnis des Zettels erläutert: »Boys, do it now. God's time is 12.25. Tell mother you'll be there. Rush your order and you play a slick ace. Join on right here! Book through to eternity junction, the nonstop run. Just one word more. Are you a god or doggone clod? If the second advent came to Coney Island are we ready? Florry[32] Christ, Stephen Christ, Zoe Christ, Bloom Christ, Kitty Christ, Lynch Christ, it's up to you to sense that cosmic force. Have we cold feet about the cosmos? No. Be on the side of the angels. *Be a prism. You have that something within, the higher self. You can rub shoulders with a Jesus, a Gautama, an Ingersoll.* Are you all in this vibration? I say you are. You once nobble that, congregation, and a buck joy ride to heaven becomes a back number. You got me? It's a lifebrightener, sure. The hottest stuff ever was. It's the whole pie with jam in. It's just the cutest snappiest line out. It is immense, supersumptuous. It restores.«[33]

Man sieht, was hier geschehen ist: Die Loslösung des menschlichen und seine damit verbundene Annäherung an das »göttliche« Bewusstsein – Grundlage und höchste künstlerische Leistung des »Ulysses« – verfällt der teuflischen Verzerrung in der trunkenen Narrenhölle des Bordells, wenn ihr Gedanke in der Hülle der traditionellen Wortformel auftritt. Ulysses, der Dulder und vielfach Verirrte, strebt nach seiner Heimatinsel, zu sich selbst zurück, indem er sich durch die Verwirrungen von 18 Kapiteln durchringt und sich aus der Narrenwelt der Illusionen befreit, »Von Ferne schauend« und nicht anteilnehmend. Damit vollbringt er eben das, was ein Jesus oder ein Buddha vollbracht hat, nämlich die Überwindung der Narrenwelt, die Befreiung aus den Gegensätzen, wie das ja auch Faustens Streben ist. Und wie Faust im höheren Weiblichen sich auflöst, so hat auch im »Ulysses« Mrs. Bloom, welche

32 Florry, Zoe, Kitty sind die drei Bordellhuren, die anderen Stephens Gefährten.

33 Joyce, Ulysses, 1928, S. 478; Hervorhebung von Jung.

Stuart Gilbert mit Recht als grünende Erde anspricht, das letzte Wort in ihrem interpunktionslosen Monolog, und ihr fällt die Gnade zu, nach all den schreienden teuflischen Dissonanzen den harmonischen Schlussakkord ertönen zu lassen.

Ulysses ist der Schöpfergott in Joyce, ein wahrhafter Demiurg, dem es gelungen ist, sich von der Verwicklung in seine Welt geistiger wie physischer Natur zu befreien und sie mit losgelöstem Bewusstsein zu betrachten. Zum Menschen Joyce verhält sich Ulysses wie Faust zu Goethe, wie Zarathustra zu Nietzsche. Ulysses ist das höhere Selbst, das aus blinder Weltverwicklung zur göttlichen Heimat zurückkehrt. Im ganzen Buch tritt kein Ulysses auf, das Buch selber ist Ulysses, ein Mikrokosmos in Joyce, die Welt des Selbst und das Selbst einer Welt in einem. Ulysses kann nur zurückkehren, wenn er aller Welt den Rücken gekehrt hat, dem Geiste sowohl wie der Physis. Da liegt wohl der tiefere Grund zum Weltbild des »Ulysses«: Es ist der 16. Juni 1904, der Allerweltsalltag, an dem rastlose, anfangslose und ziellose Dinge von belanglosen potentiellen Menschen gesagt und getan werden, schattenhaft, traumhaft, unterweltlich, ironisch, negativ, hässlich und teuflisch, jedoch wahr – ein Bild von der Welt, das einem böse Träume oder eine kosmische Aschermittwochstimmung verursachen könnte, oder etwa jenes Gefühl des Weltschöpfers am 1. August 1914. Nach dem Optimismus des siebenten Schöpfungstages muss es dem Demiurgen 1914 eher schwergefallen sein, sich mit seiner Schöpfung weiter zu identifizieren. Der »Ulysses« wurde von 1914 bis 1921 geschrieben – kein Grund zu einem besonders erheiternden Weltbild oder gar ein Anlass, diese Welt liebend zu umarmen (auch seitdem nicht!). Kein Wunder daher, dass der Weltschöpfer im Künstler ein negatives Bild seiner Welt entwirft, so negativ, so blasphemisch negativ, dass die Zensur in angelsächsischen Ländern den Skandal eines Widerspruches mit dem Schöpfungsbericht verhindern musste und den »Ulysses« einfach verbot! So wurde der verkannte Demiurg zum heimatsuchenden Odysseus.

Von Gefühl ist im »Ulysses« nicht viel zu finden, was jedem Ästheten gewiss sehr angenehm ist. Aber setzen wir, das Bewusstsein des Ulysses wäre kein Mond, sondern ein Ich im Besitze eines urteilenden Verstandes und eines fühlenden Herzens, so wäre sein Weg durch die 18 Kapitel nicht bloß ein Missvergnügen, sondern ein wahrhafter Leidensweg, und am Abend bräche dieser Wanderer, durch alles Leid und allen Unsinn dieser Welt überwältigt und verzweifelt, zusammen in den Armen der Großen Mutter, die Anfang und Ende des Lebens bedeutet. Unter dem Zynismus des Ulysses verbirgt sich das große Mitleiden, das Erleiden einer Welt, die nicht gut und nicht schön ist, die, schlimmer noch, hoffnungslos ist, weil sie durch ewig wiederholte Allerweltsalltage dahinrollt, menschliches Bewusstsein in ihren Narrentanz durch die Stunden, Monde und Jahre mitreißend. Ulysses hat den Schnitt gewagt, der die Bindung des Bewusstseins an sein Objekt zertrennen soll. Er hat sich losgelöst von Anteilnahme, Verwicklung und Verblendung, und darum kann er heimkehren. Er ist mehr als eine subjektive, persönliche Meinungsäußerung; denn der schöpferische Genius ist nie *einer,* sondern *viele,* und darum spricht er in der Stille der Seele zu den vielen, deren Sinn und Schicksal er ebenso sehr ist wie des einzigen Künstlers.

Es will mir jetzt scheinen, als ob all das Negative, das »Kaltblütige«, das Bizarr-Banale, das Grotesk-Infernalische positive Tugenden des Joyce'schen Werkes seien, um derentwillen es gepriesen werden müsste. Die entsetzliche Langeweile und grauenhafte Monotonie einer unaussprechlich reichen, millionenfach facettierten Sprache bandwurmlang hinkriechender Abschnitte ist episch großartig, ein wahrhaftes Mahabharata der Unzulänglichkeiten einer menschlichen Winkelwelt und ihrer närrisch-teuflischen Untergründe. »From drains, clefts, cesspools, middens arise on all sides stagnant fumes.«[34] Und in diesem Pfuhl spiegelt sich so ziemlich jede höchste und letzte religiöse Idee in blasphemi-

34 Joyce, Ulysses, Bordellszene, S. 412.

scher Verzerrung – wie in den Träumen. (Ein ländlicher Verwandter des großstadtbewohnenden Ulysses ist Alfred Kubins »Andere Seite«.)

Ich kann auch das willig hinnehmen; denn es ist nicht zu leugnen. Im Gegenteil sogar beweist die Erscheinung der Eschatologie in der Skatologie die Wahrheit Tertullians: »Anima naturaliter christiana«. Ulysses erweist sich als ein guter Antichrist und beweist damit die Haltbarkeit seines katholischen Christentums. Nicht nur ist er ein Christ, sondern sogar – höherer Ruhmestitel – Buddhist, Shivait und Gnostiker »*(With a voice of waves.)* ... *White yoghin of the Gods. Occult pimander of Hermes Trismegistos. (With a voice of whistling seawind.)* Punarjanam patsypunjaub! I won't have my leg pulled. It has been said by one: beware the left, the cult of Shakti. *(With a cry of stormbirds.)* Shakti, Shiva! Dark hidden Father! ... Aum! Baum! Pyjaum! I am the light of the homestead, I am the dreamery creamery butter.«[35]

Höchstes und ältestes Geistesgut, unverloren auch in der Niederung der Jauchegrube, ist das nicht rührend und bedeutend? Es ist kein Loch in der Seele, durch das der Spiritus divinus endgültig sein Leben in die Welt von Gestank und Dreck aushauchen könnte. Der alte Hermes, der Vater aller ketzerischen Nebenwege, hat recht behalten: »Wie oben, so unten«. Stephen Daedalus, der vogelköpfige Luftmensch, verfing sich im übelriechenden Schlamm des Erdschoßes, als er dem allzu luftigen Luftreich entfliegen wollte, und begegnete dem Obersten, das er floh, im Untersten wieder. »Und flöh' ich ans äußerste Ende der Welt, so ...« der Nachsatz ist des Ulysses beweiskräftige Blasphemie.[36] Besser noch: Bloom, der sinnliche, perverse und impotente Schnüffler, erlebt in der Tiefe des Schmutzes, was ihm zuvor nie passiert ist – die Verklärung als Gottmensch. Eine freudige Kunde: Wenn die ewigen Zeichen vom himmlischen Firmament verschwunden

[35] Joyce, Ulysses, S. 481.

[36] Vermutlich Anspielung auf Ps. 139,7–9, und Ulysses, S. 476.

sind, so findet sie das Schwein, das Trüffeln sucht, in der Erde wieder; denn sie sind unverlierbar und unzerstörbar eingeprägt dem Oben wie dem Unten, nur in der von Gott verfluchten, lauwarmen Mittellage sind sie stets unauffindbar.

Ulysses ist absolut objektiv und absolut ehrlich und darum zuverlässig. Man kann seinem Zeugnis vertrauen, welches die Macht und die Nichtigkeit von Geist und Welt bekundet. Ulysses allein ist Sinn, Leben und Wirklichkeit, in ihm ist die wirkliche Phantasmagorie von Geist und Welt, von Ich-en und Es-en beschlossen und umschlossen. Ich möchte hier eine Frage an Herrn Joyce richten: »Haben Sie bemerkt, dass Sie eine Vorstellung, ein Gedanke, vielleicht ein Komplex des Ulysses sind? Dass er auf allen Seiten wie ein hundertäugiger Argus um Sie herumsteht und Ihnen eine Welt samt Gegenwelt hinzugedacht hat, damit Sie Objekte haben, ohne die Sie Ihres Ichs gar nicht bewusst sein könnten?« Ich weiß nicht, was der verehrliche Autor auf diese Frage antworten würde. Das geht mich auch schließlich gar nichts an, soll mich nichts kümmern, wenn ich Metaphysik auf eigene Faust treiben will. Der »Ulysses« regt einen dazu an, wenn man sieht, wie er den Mikrokosmos des Dubliner 16. Juni 1904 säuberlich aus dem Makro-Chaos-Kosmos der Weltgeschichte herausfischt und unter einer Glasplatte in allen seinen schmackhaften und unschmackhaften Einzelheiten präpariert und mit stupender Akribie als gänzlich unbeteiligter Zuschauer beschreibt. Das sind Straßen, das sind Häuser, ein Pärchen, das spazieren geht – ein wirklicher Herr Bloom besorgt sein Annoncengeschäft, ein wirklicher Stephen betreibt aphoristische Philosophie. Es wäre gar nicht unmöglich, dass Herr Joyce an irgendeiner Dublinerecke selber ins Gesichtsfeld träte. Warum nicht? Er ist doch ebenso wirklich wie Herr Bloom, darum könnte er ebenso herausgefischt, präpariert und beschrieben werden (zum Beispiel als »Portrait of the Artist as a Young Man«).

Also, wer ist Ulysses? Er ist wohl das *Symbol* dessen, was die Zusammenfassung, die Einheit aller einzelnen Erscheinungen des ganzen »Ulysses«, Mr. Bloom, Stephen, Mrs. Bloom inklusive Mr. James Joyce ist. Man bedenke: ein Wesen, das nicht bloß eine farblose Kollektivseele ist und aus einer unbestimmten Anzahl von widerspenstigen und nicht zusammengehörigen Individualseelen besteht, sondern auch von Häusern, Straßenzügen, Kirchen, dem Liffey, mehreren Bordellen und einem zerknüllten Zettel auf dem Wege zum Meer zusammengesetzt ist und trotzdem ein wahrnehmendes und reproduzierendes Bewusstsein besitzt. Diese Unausdenklichkeit reizt die Spekulation, besonders noch, weil man sowieso nichts beweisen kann und infolgedessen bloß mutmaßen darf. Ich muss gestehen, ich habe den Verdacht, dass der Ulysses als ein umfänglicheres Selbst das zu all den Objekten unter der Glasplatte gehörige Subjekt ist, das Wesen, das so tut, als ob es Mr. Bloom oder eine Druckerei oder ein zerknüllter Zettel wäre, in Wirklichkeit jedoch »the dark hidden Father« seiner Objekte. »Ich bin der Opferer und das Geopferte«, in der Unterweltssprache: »I am the light of the homestead, I am the dreamery creamery butter«. Wendet er sich mit liebender Umarmung zur Welt, so blühen alle Gärten: »O and the sea … crimson sometimes like fire and the glorious sunsets and the figtrees in the Alameda gardens yes and all the queer little streets and pink and blue and yellow houses and the rosegardens and the jessamine and geraniums and cactuses …«, kehrt er ihr aber den Rücken, so rollt der öde Allerweltsalltag weiter – »labitur et labehu in omne volubilis aevum.«[37]

Erst schuf der Demiurg in Eitelkeit eine Welt, die ihn vollkommen dünkte; als er aber nach oben blickte, da sah er ein Licht, das er nicht geschaffen hatte. Und darauf kehrte er zurück, dahin, wo seine Heimat war. Als er aber solches tat, da verwandelte sich seine männliche Schöpferkraft in weibliche Willigkeit, und er musste bekennen:

---

[37] »… fließt fort, und fließt, und ewig wird (er) fließen.« (Horaz: Satiren und Episteln, 1911; Briefe, I, 2, 43).

Das Unzulängliche,
Hier wird's Ereignis;
Das Unbeschreibliche,
Hier ist es getan;
Das Ewig-Weibliche
Zieht uns hinan.

Unter der Glasplatte auf der tief unten liegenden Erde in Irland, Dublin, Eccles Street 7, in ihrem Bett, schläfrig werdend, am 17. Juni 1904 etwa zwei Uhr morgens sagt die Stimme der lockeren Mrs. Bloom: »O and the sea the sea crimson sometimes like fire and the glorious sunsets and the figtrees in the Alameda gardens yes and all the queer little streets and pink and blue and yellow houses and the rosegardens and the jessamine and geraniums and cactuses and Gibraltar as a girl where I was a Flower of the mountain yes when I put the rose in my hair like the Andalusian girls used or shall I wear a red yes and how he kissed me under the Moorish wall and I thought well as well him as another and then I asked him with my eyes to ask again yes and then he asked me would I yes to say yes my mountain flower and first I put my arms around him yes and drew him down to me so he could feel my breasts all perfume yes and his heart was going like mad and yes I said yes I will Yes.«[38]

O »Ulysses«, du bist ein wahrhaftes Andachtsbuch für den objektgläubigen, objektverfluchten weißhäutigen Menschen! Du bist ein Exercitium, eine Askesis, ein qualvolles Ritual, eine magische Prozedur, achtzehn hintereinander geschaltete alchymische Retorten, in denen mit Säuren, Giftdämpfen, Kälten und Hitzen der Homunkulus eines neuen Weltbewusstseins herausdestilliert wird!

[38] Joyce, Ulysses, 1928, S. 735.

Du sagst nichts und verrätst nichts, o Ulysses, aber du wirkst. Penelope braucht nicht mehr endloses Gewand zu weben, sie ergeht sich jetzt in den Gärten der Erde, denn ihr Gatte ist von allen Irrfahrten heimgekehrt. Eine Welt verging und ward neu.

Nachsatz: Es geht jetzt mit der Lektüre von »Ulysses« schon ganz leidlich vorwärts.[39]

[39] Siehe auch den im Quellennachweis auf S. 164f. abgedruckten Brief C. G. Jungs an James Joyce.

Picasso (1932)

Fast möchte ich den Leser um Entschuldigung bitten, dass ich als Psychiater mich in die Aufregung um Picasso mische. Wäre es mir nicht von maßgebender Seite nahegelegt worden, so hätte ich wohl nicht zur Feder gegriffen. Nicht, dass mir dieser Künstler mit seiner seltsamen Kunst etwa ein zu geringer Vorwurf wäre – habe ich mich doch um seinen literarischen Bruder Joyce[40] ehrlich gemüht – im Gegenteil: sein Problem hat mein ungeteiltes Interesse, nur ist es mir zu weit, zu schwer, zu verwickelt, als dass ich hoffen könnte, in einem kurzen Zeitungsartikel es auch nur annähernd zu erschöpfen. Wenn ich es überhaupt wage, zu Picasso mich zu äußern, so geschieht es mit dem ausdrücklichen Vorbehalt, dass ich nichts zur Frage seiner Kunst, sondern bloß zur Psychologie seiner Kunst etwas zu sagen habe. Ich lasse also das ästhetische Problem dem Kunstgelehrten und beschränke mich auf die Psychologie, die solchem Kunstschaffen zugrunde liegt.

Ich beschäftige mich seit bald zwanzig Jahren mit der Psychologie der bildlichen Darstellung seelischer Vorgänge, und ich bin darum in der Lage, Picassos Bilder professionell zu sehen. Aufgrund meiner Erfahrung kann ich dem Leser versichern, dass Picassos seelische Problematik, soweit sie sich in seiner Kunst ausdrückt, der meiner Patienten durchaus analog ist. Leider kann ich es nicht beweisen, denn das Vergleichsmaterial ist nur wenigen Spezialisten bekannt. Meine weiteren Ausführungen stehen daher in der Luft und bedürfen der wohlwollenden Phantasie meines Lesers.

---

40 »Ulysses«. Ein Monolog. Siehe S. 83–112 dieses Bandes.

Die nicht gegenständliche Kunst bezieht ihre Inhalte wesentlich von »innen«. Dieses »Innen« kann nicht dem Bewusstsein entsprechen, denn dieses enthält Abbilder der allgemein gesehenen Gegenstände, welche notwendigerweise so aussehen müssen, wie es der allgemeinen Erwartung entspricht. Picassos Gegenstand sieht aber anders aus, als es der allgemeinen Erwartung entspricht, ja sogar so anders, dass es nicht einmal mehr den Anschein hat, als ob überhaupt Gegenstände der äußeren Erfahrung gemeint seien. Die chronologische Reihe zeigt eine zunehmende Entfernung vom empirischen Gegenstand und eine Zunahme jener Elemente, die keiner äußeren Erfahrung mehr entsprechen, sondern einem »Innen« entstammen, das hinter dem Bewusstsein liegt; auf alle Fälle hinter dem Bewusstsein, das wie ein allgemeines, den fünf Sinnen übergeordnetes Wahrnehmungsorgan der äußeren Welt zugewendet ist. Hinter dem Bewusstsein kommt nicht das absolute Nichts, sondern die unbewusste Psyche, welche das Bewusstsein von hinten und innen ebenso affiziert, wie die äußere Welt von vorne und außen. Jene Bildelemente also, welche keinem Außen entsprechen, müssen dem »Innen« entstammen.

Da dieses »Innen« unsichtbar und unvorstellbar ist und trotzdem das Bewusstsein aufs Nachhaltigste beeinflussen kann, so veranlasse ich diejenigen meiner Patienten, die hauptsächlich unter solchen Wirkungen leiden, diese so gut wie möglich bildlich darzustellen. Der Zweck der »Ausdrucksmethode« ist, die unbewussten Inhalte erfassbar zu machen und damit dem Verständnis nahezubringen. Therapeutisch wird damit erreicht, dass die gefährliche Abspaltung der unbewussten Vorgänge vom Bewusstsein verhindert wird. Alle bildlich dargestellten Hintergrundsvorgänge und -wirkungen sind, im Gegensatz zur gegenständlichen oder »bewussten« Darstellung, *symbolisch,* das heißt deuten annähernd und bestmöglich einen Sinn an, der zunächst unbekannt ist. Dieser Tatsache entsprechend ist es auch ganz unmöglich, in einem isolierten Einzelfall irgendetwas mit irgendeiner Sicherheit festzustellen. Man hat nur das Gefühl der Fremdheit und des verwirrenden, unerkennbaren Vielerleis. Man weiß nicht, was eigentlich gezeigt oder gemeint wird. Verständnismöglichkeit entsteht nur durch Vergleichung vieler Bilderserien. Die Bilder der Patienten sind im Allgemeinen wegen künstlerischen Phantasiemangels klarer und einfacher und deshalb verständlicher als die Bilder moderner Künstler.

Unter den Patienten kann man zwei Gruppen unterscheiden: die *neurotische* und die *schizophrene.* Erstere Gruppe liefert Bilder synthetischen Charakters von durchgehender und einheitlicher Gefühlsstimmung. Sind sie ganz abstrakt und lassen darum das Gefühlsmoment vermissen, so sind sie wenigstens ausgesprochen symmetrisch oder mit unverkennbarem Sinn geladen. Letztere Gruppe dagegen produziert Bilder, welche sofort ihre Gefühlsfremdheit offenbaren. Sie vermitteln auf alle Fälle kein einheitliches, harmonisches Gefühl, sondern Gefühlswidersprüche oder gar völlige Gefühllosigkeit. Rein formal herrscht der Charakter der *Zerrissenheit* vor, der sich in den sogenannten Bruchlinien ausdrückt, das heißt einer Art psychischer Verwerfungsspalten, die sich durch das Bild ziehen. Das Bild lässt kalt oder wirkt erschreckend wegen seiner paradoxen, gefühlstörenden, schauerlichen oder grotesken Rücksichtslosigkeit auf den Betrachtenden. Picasso gehört zu dieser Gruppe.[41]

[41] Mit dieser Feststellung ist nun nicht gemeint, dass jeder, der zu einer dieser beiden Gruppen gehört, entweder neurotisch oder schizophren sei. Eine solche Einteilung will nur besagen, dass in ersterem Fall eine psychische Störung voraussichtlich zu gewöhnlichen neurotischen Symptomen und in letzterem Fall zu schizoiden Symptomen führen werde. Die Bezeichnung »schizophren« in diesem Fall will also keineswegs bedeuten, dass die Geisteskrankheit Schizophrenie vorliegt, sondern bloß eine Disposition oder ein Habitus, auf dessen Grundlage eine schwerwiegende psychische Verwicklung eine Schizophrenie erzeugen könnte. Ich bezeichne Picasso so wenig wie Joyce als psychotisch, sondern rechne sie bloß zu jener umfangreichen Menschengruppe, deren Habitus es ist, nicht mit einer gewöhnlichen Psychoneurose auf eine tief gehende seelische Störung zu reagieren, sondern mit einem schizoiden Symptomenkomplex. Da meine obige Fest-

Trotz dieser deutlichen Verschiedenheit der beiden Gruppen haben sie eines gemeinsam, nämlich *den symbolischen Gehalt.* Beide stellen angedeuteten Sinn dar, aber der neurotische Typus sucht den Sinn und sein Gefühl und bemüht sich, ihn dem Betrachtenden zu übermitteln. Der Schizophrene aber verrät kaum solche Neigung, vielmehr scheint es, als ob er das Opfer dieses Sinnes sei. Es ist, wie wenn er davon überwältigt und verschluckt und selber in alle jene Elemente aufgelöst wäre, die der Neurotische zu meistern wenigstens versucht. Man muss vom schizophrenen Ausdruck sagen, was ich über Joyce bemerkte: Nichts kommt dem Betrachtenden entgegen, alles wendet sich von ihm ab, selbst eine gelegentliche Schönheit erscheint nur wie eine unentschuldbare Verzögerung des Rückzuges. Das Hässliche, Krankhafte, Groteske, Unverständliche, Banale wird gesucht, nicht um auszudrücken, sondern um zu verschleiern, eine Verschleierung aber, die keinem Suchenden gilt, sondern sie ist wie ein kalter Nebel, der sich verhüllend über menschenleere Moore legt, absichtslos, als ein Schauspiel, das des Zuschauers entraten kann.

Beim einen lässt sich erahnen, *was er ausdrücken möchte,* beim anderen, *was er nicht ausdrücken kann.* Bei beiden erscheint der geheimnisvolle Inhalt. Eine solche Bilderserie, sei sie nun gezeichnetes Bild oder geschriebenes Wort, beginnt in der Regel mit dem Symbol der *Nekyia,* der Hadesfahrt, dem Abstieg ins Unbewusste und dem Abschied von der Oberwelt. Was danach geschieht, ist zwar noch ausgedrückt in den Formen und Figuren der Tagwelt, deutet aber auf verborgenen Sinn und hat darum Symbolcharakter. So beginnt Picasso mit den noch gegenständlichen Bildern in Blau, dem Blau der Nacht, des Mondscheins und des Wassers,

---

stellung Anlass zu einigem Missverständnis gegeben hat, so habe ich diese psychiatrische Auseinandersetzung für nötig erachtet. (Jungs Artikel in der »Neuen Zürcher Zeitung« hatte zahlreiche Repliken in der Presse zur Folge, die vor allem durch seine Bemerkung über Schizophrenie angeregt worden waren. Er nahm dazu mit der obigen Anmerkung in der Erstausgabe von »Wirklichkeit der Seele« (1934) Stellung.)

dem Tuat-Blau der ägyptischen Unterwelt. Er stirbt, und seine Seele reitet auf einem Pferd ins Jenseits. Das Tagleben klammert sich an ihn, und eine Frau mit dem Kinde tritt mahnend zu ihm. Wie der Tag ihm Weib ist, so die Nacht, was psychologisch als die helle und die dunkle Seele (Anima) bezeichnet wird. Wartend sitzt die Dunkle und harrt auf ihn in blauer Dämmerung, pathologische Ahnung erweckend. Mit der Änderung der Farben treten wir in die Unterwelt ein. Die Gegenständlichkeit ist todgeweiht, ausgedrückt in dem schauerlichen Meisterstück der tuberkulös-syphilitischen, adoleszenten Prostituierten. Das Motiv der Prostituierten beginnt mit dem Eintritt ins Jenseits, wo er als abgeschiedene Seele mit einer Anzahl derselben zusammentrifft. Wenn ich sage »er«, so meine ich damit jene Persönlichkeit in Picasso, welche das Unterweltsschicksal erleidet, jenen Menschen, der nicht in die Tagwelt, sondern schicksalhaft ins Dunkle sich wendet, nicht dem Ideal des anerkannt Schönen und Guten folgend, sondern der dämonischen Anziehungskraft des Hässlichen und Bösen, das im modernen Menschen antichristlich und luziferisch emporschwillt und Weltuntergangsstimmung erzeugt, eben diese helle Tagwelt mit Hadesnebeln umschleiert, mit tödlicher Zersetzung ansteckt und schließlich wie ein Erdbebengebiet in Fragmente, Bruchlinien, Überbleibsel, Schutt, Fetzen und anorganische Einheiten auflöst. Picasso und Picassoausstellung sind Zeiterscheinungen, wie die achtundzwanzigtausend Menschen, welche sich diese Bilder angeschaut haben.

In der Regel tritt das Unbewusste dem Manne in der Form der »Dunkeln« entgegen, einer Kundry von schauerlich-grotesker, vorweltlicher Hässlichkeit oder infernalischer Schönheit, wenn der von solchem Schicksal Betroffene zur neurotischen Gruppe gehört. Entsprechend den vier weiblichen Figuren der gnostischen Unterwelt, der Eva, Helena, Maria und Sophia finden wir bei der Verwandlung Fausts Gretchen, Helena, Maria und das abstrakte »Ewig-Weibliche«. So wandelt sich auch Picasso und erscheint in der Unterweltsform des tragischen *Harlekin,* dessen

Motiv sich durch zahlreiche Bilder hinzieht, der wie Faust in mörderisches Geschehen verstrickt ist und im 2. Teil in gewandelter Gestalt wiederum erscheint. Harlekin ist, beiläufig gesagt, ein alter chthonischer Gott.[42]

Der Abstieg in Vorzeiten gehört seit dem Zeugnis Homers zur Nekyia. Faust wendet sich zurück zur primitiven Wahnwelt des Blocksberges und zur Chimäre der Antike. Picasso ruft die plumpen Erdformen grotesker Primitivität herauf und lässt die Seelenlosigkeit pompejanischer Antike in kaltem Lichte strahlend wiedererstehen, wie es schlimmer ein Giulio Romano nicht konnte. Ich habe selten oder nie einen Fall unter meinen Patienten gesehen, der nicht auf neolithische Kunstformen zurückgegriffen und sich nicht in Evokationen antiker Dionysismen ergangen hätte. Harlekin wandert wie Faust durch alle diese Formen, wenn auch manchmal nichts seine Gegenwart verrät als sein Wein oder seine Laute oder wenigstens die farbigen Rauten seines Narrengewandes. Und was erfährt er auf seiner rasenden Wanderung durch die Menschheitsjahrtausende? Welche Quintessenz wird er herausdestillieren aus der Zusammenhäufung von Abraum, Zerfall und halbgeborenen und früh verstorbenen Möglichkeiten von Form und Farbe? Welches Symbol wird als letzte Ursache und als Sinn aller Auflösung erscheinen?

Angesichts der verwirrenden Vielfältigkeit Picassos wagt man kaum, darauf hinzudeuten; darum will ich lieber zunächst sagen, was ich bei meinem Material gefunden habe. Die Nekyia ist kein zweckloser, rein zerstörerischer, titanischer Absturz, sondern eine sinnvolle »katabasis eis antron«, ein Abstieg in die Höhle der Einweihung und der geheimen Erkenntnis. Die Fahrt durch die Seelengeschichte der Menschheit hat den Zweck, den Menschen als Ganzes wiederherzustellen, indem sie die Erinnerung des Blutes wachruft. Der Abstieg zu den Müttern dient Faust dazu, den

[42] Ich verdanke genaue Nachweise der freundlichen Aufmerksamkeit von Herrn Dr. W. Kaegi.

sündhaft ganzen Menschen heraufzuholen, Paris und Helena – jenen Menschen, der, ob der Verirrung ins Einseitige der jeweiligen Gegenwart, in Vergessenheit geriet. Dieser ist es, der zu allen Zeiten der Erschütterung das Beben der Oberwelt verursachte und immer wieder verursachen wird. Dieser Mensch steht im Gegensatz zum Gegenwartsmenschen, weil er jener ist, der immer so war, während Ersterer nur gegenwärtig so ist. Dementsprechend folgt bei meinen Patienten auf die Zeit der Katabasis und Katalysis die Anerkennung der Gegensätzlichkeit der menschlichen Natur und der Notwendigkeit der konflikthaften Gegensatzpaare. Darum folgen auf die Symbole der Wahnsinnserlebnisse in der Auflösung Bilder, welche das Zusammentreten der Gegensatzpaare hell – dunkel, oben – unten, weiß – schwarz, männlich – weiblich usw. darstellen. In den letzten Bildern Picassos findet sich das Motiv der Vereinigung der Gegensätze in ihrem unmittelbaren Gegenüber recht deutlich. Ein Bild (allerdings zerschnitten von vielen Bruchlinien) enthält sogar die Zusammenstellung der hellen und der dunkeln Anima. Die grellen, unzweideutigen, ja brutalen Farben der letzten Periode entsprechen der Tendenz des Unbewussten, den Konflikt der Gefühle gewaltsam zu meistern. (Farbe = Gefühl.)

In der seelischen Entwicklung eines Patienten ist dieser Zustand weder Ende noch Ziel. Er bedeutet bloß die Erweiterung des Blickes, der nunmehr das Ganze moralisch-bestialisch-geistiger Menschheit umfasst, ohne diese jedoch zu lebendiger Einheit zu gestalten. Picassos »drame intérieur« ist bis zu dieser letzten Höhe vor der Peripetie gediehen. In Bezug auf den zukünftigen Picasso will ich mich lieber nicht im Prophezeien versuchen, denn dieses Abenteuer des Innern ist eine gefährliche Sache, die auf jeder Stufe zum Stillstand oder zur katastrophalen Zersprengung der zusammengespannten Gegensätze führen kann. Die Figur des Harlekin ist von tragischer Zweideutigkeit, obwohl sein Gewand schon die Symbole der nächsten Entwicklungsstufen, dem Kundigen sichtbar, an sich trägt. Er ist ja der Held, der die Fährnisse des Hades durchschreiten soll; aber wird es ihm gelingen? Diese Frage kann ich nicht beantworten. Harlekin ist mir unheimlich. Zu sehr erinnert er mich an jenen »bunten Gesellen, einem Possenreißer gleich« in Nietzsches »Zarathustra«, der über den nichts ahnenden Seiltänzer (die Parallele zu Bajazzo) wegsprang und ihn dadurch tötete. Dort spricht Zarathustra die für Nietzsche sich grauenhaft erfüllenden Worte: »Deine Seele wird noch schneller todt als dein Leib: fürchte nun Nichts mehr!«[43] Wer der »Possenreißer« ist, das sagen seine Worte, die er dem Seiltänzer, seinem schwächeren Alter Ego, zuruft: »Einem Besseren, als du bist, sperrst du die freie Bahn!«[44] Er ist der Größere, der die Schale sprengt, und diese Schale ist manchmal – das Gehirn.

[43] Nietzsche: Also sprach Zarathustra, 1901, S. 23.
[44] Ebd., S. 22.

Vom Werden der Persönlichkeit (1932)

In etwas freier Anlehnung an einen Goethe'schen Vers wird oft zitiert:

> Höchstes Glück der Erdenkinder
> Sei nur die Persönlichkeit[45]

und damit die Ansicht ausgesprochen, dass weitestes Ziel und stärkster Wunsch aller in der Entfaltung jener Ganzheit menschlichen Wesens liege, welche man als *Persönlichkeit* bezeichnet. »Erziehung zur Persönlichkeit« ist heute zu einem erzieherischen Ideal geworden im Gegensatz zu dem von der allgemeinen Massenhaftigkeit geforderten, standardisierten Kollektiv- oder Normalmenschen, in richtiger Erkenntnis der historischen Tatsache, dass die großen, befreienden Taten der Weltgeschichte von führenden Persönlichkeiten ausgegangen sind und nie von der allzeit sekundären, trägen Masse, die auch zur mindesten Bewegung stets des Demagogen bedarf. Der Jubelruf der italienischen Nation gilt der Persönlichkeit des Duce, und die Klagelieder anderer Nationen beweinen die Abwesenheit der großen Führer.[46] Die Sehnsucht nach Persönlichkeit ist zu einem wirklichen Problem geworden, das heute viele Köpfe beschäftigt, im Gegensatz zu früherer Zeit, wo nur ein Einziger diese Frage erahnte, Friedrich Schiller, dessen Briefe zur ästhetischen Erziehung seit ihrer Entstehung einen mehr als hundertjährigen literarischen Dornrös-

---

[45] Goethe: West-östlicher Divan, in: Werke, 1827–1834, Buch Suleika.
[46] Seitdem dieser Satz geschrieben wurde, hat auch Deutschland seinen Führer gefunden.

chenschlaf hinter sich haben. Wir können wohl ruhig behaupten, dass das Heilige Römische Reich Deutscher Nation von Friedrich Schiller als Erzieher nichts gemerkt hat. Dagegen hat sich der furor teutonicus auf die Pädagogik, das heißt die Erziehung der Kinder gestürzt, Kinderpsychologie getrieben, das Infantile im erwachsenen Menschen aufgestöbert und damit aus der Kindheit einen für Leben und Schicksal dermaßen wichtigen Zustand gemacht, dass die schöpferische Bedeutung und Möglichkeit der späteren, erwachsenen Existenz daneben gänzlich in den Schatten trat. Ja, man hat unsere Zeit sogar überschwänglich als das »Zeitalter des Kindes« gepriesen. Diese maßlose Erweiterung und Ausbreitung des Kindergartens ist gleichbedeutend mit einem völligen Vergessen der von Schiller genial erahnten erzieherischen Problematik. Niemand wird die Wichtigkeit des Kindesalters leugnen oder auch nur unterschätzen; zu offenkundig sind die schweren, oft lebenslangen Schädigungen durch eine blödsinnige Erziehung zu Hause und in der Schule und zu unabweislich die Notwendigkeit vernünftigerer pädagogischer Methoden. Will man dieses Übel aber wirklich an der Wurzel fassen, so muss man sich allen Ernstes die Frage vorlegen: Wieso kam es und wieso kommt es immer noch, dass dumme und bornierte Erziehungsmethoden angewendet werden? Doch offenbar einzig und allein daher, dass es dumme Erzieher gibt, die keine Menschen, sondern personifizierte Methodenautomaten sind. Wer erziehen will, sei selber erzogen. Das heute immer noch praktizierte Auswendiglernen und mechanische Anwenden von Methoden ist aber keine Erziehung, weder für das Kind noch für den Erzieher selber. Man spricht anhaltend davon, das Kind müsse zur Persönlichkeit erzogen werden. Ich bewundere selbstverständlich dieses hohe erzieherische Ideal. Wer aber erzieht zur Persönlichkeit? Das sind an erster und wichtigster Stelle die gewöhnlichen, inkompetenten Eltern, die oft selber zeitlebens halbe oder ganze Kinder sind. Wer wird schließlich auch von all den gewöhnlichen Eltern erwarten, dass sie »Persönlichkeiten« seien, und wer hätte je daran gedacht,

Methoden zu ersinnen, wie man den Eltern »Persönlichkeit« beibringen könnte? Darum erwartet man natürlicherweise mehr vom Pädagogen, vom ausgebildeten Fachmann, dem man ja die Psychologie schlecht und recht beigebracht hat: nämlich Gesichtspunkte von dieser oder jener – meist grundverschiedenen – Observanz, wie das Kind mutmaßlicherweise beschaffen sei und wie man es zu behandeln habe. Von den jungen Leuten, welche Pädagogik als ihren Lebensberuf erkoren haben, wird vorausgesetzt, sie seien selber erzogen. Dass sie zugleich auch schon allesamt Persönlichkeiten seien, wird wohl niemand behaupten wollen. Sie haben im Ganzen und Großen dieselbe defekte Erziehung gehabt wie die Kinder, die sie erziehen sollten, und sind in der Regel ebenso wenig Persönlichkeiten wie diese. Unser Erziehungsproblem leidet allgemein am einseitigen Hinweis auf das zu erziehende Kind und an der ebenso einseitigen Nichtbetonung der Unerzogenheit der erwachsenen Erzieher. Jedermann mit abgeschlossenem Studiengang kommt sich als fertig erzogen, mit einem Wort als erwachsen vor. Er muss sich ja so vorkommen, er muss ja diese feste Überzeugung seiner Kompetenz haben, um im Existenzkampf bestehen zu können. Zweifel und Unsicherheitsgefühle würden lähmend und hindernd wirken, den so notwendigen Glauben an die eigene Autorität untergraben und ihn zum Berufsleben untauglich machen. Man will von ihm hören, dass er's kann und seiner Sache sicher ist, und nicht, dass er an sich und seiner Zuständigkeit zweifelt. Der Fachmann ist eben unweigerlich zur Kompetenz verdammt.

Dass dies keine idealen Zustände sind, weiß jedermann. Sie sind aber, unter den gegebenen Umständen, cum grano salis die bestmöglichen. Man könnte gar nicht absehen, wie sie anders sein könnten. Man kann vom Durchschnittserzieher schlechthin nicht mehr erwarten als von den Durchschnittseltern. Wenn sie gute Fachleute sind, so muss man sich damit ebenso zufriedengeben wie mit den Eltern, die ihre Kinder so gut wie möglich erziehen.

Das hohe Ideal der Erziehung zur Persönlichkeit verwende man besser nicht auf die Kinder. Denn was man so gemeinhin unter »Persönlichkeit« versteht, nämlich eine *bestimmte, widerstandsfähige und kraftbegabte seelische Ganzheit, ist ein erwachsenes Ideal,* das man nur in einem Zeitalter, wo der Einzelne des Problems seiner sogenannten Erwachsenheit noch unbewusst ist oder wo er sich – schlimmer noch – bewusst darum herumdrückt, der Kindheit zuschieben möchte. Ich verdächtige nämlich unsere zeitgenössische pädagogische und psychologische Begeisterung für das Kind einer unehrlichen Absicht: man spricht vom Kind, sollte aber das Kind im Erwachsenen meinen. Im Erwachsenen steckt nämlich ein Kind, *ein ewiges Kind,*[47] *ein immer noch Werdendes, nie Fertiges, das beständiger Pflege, Aufmerksamkeit und Erziehung bedürfte.* Das ist der Teil der menschlichen Persönlichkeit, der sich zur Ganzheit entwickeln möchte. Von dieser Ganzheit aber ist der Mensch unserer Zeit himmelweit entfernt. In dumpfer Ahnung seines Defektes bemächtigt er sich der Erziehung des Kindes und begeistert sich für Kinderpsychologie aufgrund der beliebten Annahme, dass in seiner eigenen Erziehung und kindlichen Entwicklung etwas schiefgegangen sein müsse, etwas, was bei der nächsten Generation ausgemerzt werden könne. Diese Absicht ist zwar löblich, scheitert aber an der psychologischen Tatsache, dass ich am Kinde keinen Fehler korrigieren kann, den ich selber immer noch begehe. Die Kinder sind natürlich nicht so dumm, wie wir meinen. Sie merken es nur zu gut, was echt und was unecht ist. Andersens Märchen von des Königs neuen Kleidern enthält eine unsterbliche Wahrheit. Wie viele Eltern haben mir die löbliche Absicht bekundet, ihren Kindern die Erfahrungen zu ersparen, die sie selber in ihrer Kindheit machen mussten. Und wenn ich fragte: »Aber sind Sie sicher, dass Sie diese Fehler selber überwunden haben?«, so waren sie ganz überzeugt, dass die

[47] Vgl. Jung/Kerényi: Das göttliche Kind, in: Einführung in das Wesen der Mythologie, 1951.

Schädigung bei ihnen längst korrigiert sei. In Wirklichkeit war sie es aber nicht. Waren sie als Kinder zu streng erzogen worden, so verdarben sie ihre eigenen Kinder mit einer ans Geschmacklose streifenden Toleranz; waren ihnen in der Kindheit gewisse Lebensgebiete peinlich verhüllt worden, so wurden diese nun den eigenen Kindern ebenso peinlich und aufklärerisch eröffnet. Sie waren also nur ins andere Extrem gefallen, ein stärkster Beweis für die tragische Fortdauer der alten Sünde! Das war ihnen völlig entgangen.

Alles, was wir an den Kindern ändern wollen, sollten wir zunächst wohl aufmerksam prüfen, ob es nicht etwas sei, was besser an uns zu ändern wäre, so zum Beispiel unser pädagogischer Enthusiasmus. Vielleicht wäre er auf uns gemünzt. Vielleicht verkennen wir das pädagogische Bedürfnis, weil es uns unbequemerweise daran erinnern würde, dass wir selber noch irgendwie Kinder sind und der Erziehung in hohem Maße bedürfen.

Auf alle Fälle scheint mir dieser Zweifel unbedingt angebracht zu sein, wenn man die Kinder schon zu »Persönlichkeiten« erziehen möchte. Persönlichkeit ist ein Keim im Kinde, der sich nur durch das und im Leben allmählich entwickelt. Ohne *Bestimmtheit, Ganzheit* und *Reifung* wird keine Persönlichkeit offenbar. Diese drei Eigenschaften können und sollen dem Kinde nicht eignen, denn durch sie würde es der Kindheit beraubt. Es würde ein unnatürlicher frühreifer Ersatzerwachsener. Aber solche monstra hat moderne Erziehung schon herausgebracht, namentlich in jenen Fällen, wo die Eltern einen wahren Fanatismus dreinsetzen, stets und immer ihr »Bestes« für die Kinder zu tun und »nur für sie zu leben«. Dieses so oft gehörte Ideal verhindert die Eltern aufs Wirksamste, sich selber zu entwickeln, und es befähigt sie, ihr eigenes »Bestes« den Kindern aufzudrängen. Was aber in Wirklichkeit dieses sogenannte Beste ist, das ist das, was die Eltern bei sich selber in höchstem Maße vernachlässigt haben. Die Kinder werden so zu Leistungen angespornt, welche die Eltern nie vollbracht haben, und es werden ihnen Ambitionen aufgedrängt, welche die

Eltern nie erfüllt haben. Solche Methoden und Ideale erzeugen erzieherische Monstrositäten.

Zur Persönlichkeit kann niemand erziehen, der sie nicht selber hat. Und nicht das Kind, sondern nur der Erwachsene kann Persönlichkeit erreichen als reife Frucht einer auf dieses Ziel eingestellten Lebensleistung. Denn in der Erreichung der Persönlichkeit liegt nichts Geringeres als die bestmögliche Entfaltung des Ganzen eines besonderen Einzelwesens. Es ist gar nicht abzusehen, was für eine unendliche Zahl von Bedingungen hierzu zu erfüllen sind. Es ist ein ganzes Menschenleben mit allen seinen biologischen, sozialen und seelischen Aspekten hierzu nötig. Persönlichkeit ist höchste Verwirklichung der eingeborenen Eigenart des besonderen lebenden Wesens. Persönlichkeit ist die Tat des höchsten Lebensmutes, der absoluten Bejahung des individuell Seienden und der erfolgreichsten Anpassung an das universal Gegebene bei größtmöglicher Freiheit der eigenen Entscheidung. Jemanden *dazu* zu erziehen, scheint mir keine geringe Sache zu sein. Es ist wohl die größte Aufgabe, die sich die moderne Geisteswelt gesetzt hat. Eine gefährliche Aufgabe fürwahr, gefährlich in einem Umfang, den selbst Schiller, der sich doch als Erster prophetisch in diese Problematik hineingewagt hat, nicht annähernd geahnt hat. Sie ist so gefährlich wie das kühne und rücksichtslose Unternehmen der Natur, Frauen Kinder gebären zu lassen. Wäre es nicht ein frevelhaftes prometheisches oder gar luziferisches Wagnis, wenn ein Übermensch sich erdreistete, in seiner Retorte einen Homunkulus, der sich zu einem Golem auswüchse, entstehen zu lassen? Und doch täte er nicht mehr, als die Natur tagtäglich tut. Es gibt keine menschliche Scheußlichkeit und Abnormität, die nicht einer liebenden Mutter im Schoße gelegen hätte. Wie die Sonne über Gerechte und Ungerechte strahlt, und wie tragende und nährende Mütter Kinder Gottes und des Teufels mit der gleichen Liebe betreuen, unbekümmert um die möglichen Folgen, so sind auch wir Teile dieser sonderbaren Natur, welche, wie sie, Unabsehbares in sich tragen.

Die Persönlichkeit entwickelt sich im Laufe des Lebens aus schwer oder gar undeutbaren Keimanlagen, und erst durch unsere Tat wird es offenbar, wer wir sind. Wir sind wie die Sonne, welche das Leben der Erde nährt und allerhand Schönes, Seltsames und Übles hervorbringt; wir sind wie die Mütter, die unbekanntes Glück und Leiden im Schoße tragen. Wir wissen zunächst nicht, welche Taten oder Untaten, welches Schicksal, welches Gute und welches Böse wir enthalten; und erst der Herbst wird zeigen, was der Frühling gezeugt hat, und erst am Abend wird deutlich sein, was der Morgen begann.

Die Persönlichkeit als eine völlige Verwirklichung der Ganzheit unseres Wesens ist ein unerreichbares Ideal. Die Unerreichbarkeit ist aber nie ein Gegengrund gegen ein Ideal, denn Ideale sind nichts als Wegweiser und niemals Ziele.

Wie das Kind sich entwickeln muss, um erzogen zu werden, so muss sich auch die Persönlichkeit zuerst entfalten, bevor sie der Erziehung unterworfen werden kann. Und hier schon beginnt die Gefahr. Wir haben es mit etwas Unabsehbarem zu tun, wir wissen nicht, wie und wohin sich die werdende Persönlichkeit entwickeln wird, und wir haben genug von Natur und Weltwirklichkeit gelernt, um mit Recht etwas misstrauisch zu sein. Wir sind sogar von der christlichen Lehre im Glauben an das ursprünglich Böse der menschlichen Natur erzogen worden. Aber selbst solche, die sich nicht mehr an die christliche Lehre halten, sind natürlicherweise misstrauisch und ängstlich in Bezug auf die in ihren Untergründen liegenden Möglichkeiten. Selbst aufgeklärte, materialistische Psychologen wie Freud geben uns eine sehr unangenehme Idee von den schlummernden seelischen Hinter- und Abgründen menschlicher Natur. Es bedeutet daher an sich schon fast ein Wagnis, für die Entfaltung der Persönlichkeit ein gutes Wort einzulegen. Der menschliche Geist steckt aber voll der seltsamsten Widersprüche. Wir preisen die »heilige Mutterschaft« und denken nicht daran, sie für alle menschlichen Monstren, wie Schwerverbrecher, gefährliche Geisteskranke, Epileptiker, Idioten und

Krüppel jeglicher Art, die doch auch geboren werden, verantwortlich zu machen. Wir sind aber von den schwersten Zweifeln befallen, wenn wir der menschlichen Persönlichkeit freie Entwicklung gewähren sollen. »Dann wäre ja alles möglich«, heißt es. Oder man wärmt den schwachbegabten Einwurf des »Individualismus« wieder auf. Individualismus war noch nie eine natürliche Entwicklung, sondern eine unnatürliche Usurpation, eine unangepasste, impertinente Pose, die ihre Hohlheit oft bei der geringsten Schwierigkeit schon mit einem Zusammenbruch erweist. Hier handelt es sich um anderes.

Niemand nämlich entwickelt seine Persönlichkeit, weil ihm jemand gesagt hat, es wäre nützlich oder ratsam, es zu tun. Die Natur hat sich durch wohlmeinende Ratschläge noch nie imponieren lassen. Nur kausal wirkender Zwang bewegt die Natur, auch die menschliche. Ohne Not verändert sich nichts, am wenigsten die menschliche Persönlichkeit. Sie ist ungeheuer konservativ, um nicht zu sagen *inert.* Nur schärfste Not vermag sie aufzujagen. So gehorcht auch die Entwicklung der Persönlichkeit keinem Wunsch, keinem Befehl und keiner Einsicht, sondern nur der *Not;* sie bedarf des motivierenden Zwanges innerer oder äußerer Schicksale. Jede andere Entwicklung wäre eben Individualismus. Darum bedeutet auch der Vorwurf des Individualismus eine gemeine Beschimpfung, wenn er gegenüber einer natürlichen Persönlichkeitsentwicklung erhoben wird.

Das Wort: »Viele sind berufen, und wenige sind auserwählt«, gilt hier wie nirgends; denn die Entwicklung der Persönlichkeit aus ihren Keimanlagen zur völligen Bewusstheit ist ein Charisma und zugleich ein Fluch: ihre erste Folge ist die bewusste und unvermeidliche Absonderung des Einzelwesens von der Ununterschiedenheit und Unbewusstheit der Herde. Das ist *Vereinsamung,* und dafür gibt es kein tröstlicheres Wort. Davon befreit auch keine noch so erfolgreiche Anpassung oder noch so reibungslose Einpassung in die bestehende Umgebung, keine Familie, keine Gesellschaft und keine Position. Die Entwicklung der Persönlichkeit ist ein solches Glück, dass man es nur teuer bezahlen kann. Wer am meisten von der Entfaltung der Persönlichkeit spricht, denkt am wenigsten an die Folgen, die an sich schon schwächere Geister aufs Gründlichste abschrecken.

Entwicklung der Persönlichkeit aber heißt noch mehr als bloße Befürchtung abnormer Ausgeburten oder der Vereinsamung, sie heißt auch: *Treue zum eigenen Gesetz.*

Für das Wort Treue möchte ich hier am liebsten das griechische Wort des Neuen Testamentes, nämlich pistis, das irrtümlicherweise mit »Glauben« übersetzt wird, verwenden. Es heißt aber eigentlich Vertrauen, vertrauensvolle Loyalität. Die Treue zum eigenen Gesetz ist ein Vertrauen auf dieses Gesetz, ein loyales Ausharren und vertrauensvolles Hoffen, eine Einstellung mithin, wie sie der religiöse Mensch Gott gegenüber haben soll. Und hier wird es nun deutlich, ein wie ungeheuer folgenschweres Dilemma den Hintergründen unseres Problems enttaucht: Die Persönlichkeit nämlich kann sich niemals entfalten, ohne dass man bewusst und mit bewusster moralischer Entscheidung *den eigenen Weg* wählt. Nicht nur das kausale Motiv, die Not, sondern auch die bewusste moralische Entscheidung muss ihre Kraft dem Prozesse der Persönlichkeitsentwicklung leihen. Fehlt das Erstere, nämlich die Not, dann wäre die sogenannte Entwicklung bloße Willensakrobatik; fehlt das Letztere, nämlich die bewusste Entscheidung, so bliebe die Entwicklung im dumpfen, unbewussten Automatismus stecken. Man kann sich aber moralisch für den eigenen Weg nur dann entscheiden, *wenn man ihn für das Beste hält.* Wenn irgendein anderer Weg für besser gehalten werden sollte, so würde anstelle der eigenen Persönlichkeit jener gelebt und damit entwickelt. Die anderen Wege sind die Konventionen, moralischer, sozialer, politischer, philosophischer und religiöser Natur. Die Tatsache, dass die Konventionen immer in irgendeiner Art blühen, beweist, dass die erdrückende Mehrzahl der Menschen nicht den eigenen Weg, sondern die Konvention wählt und infolgedessen nicht sich selbst entwickelt, sondern eine

Methode, und damit ein collectivum auf Kosten der eigenen Ganzheit.

Wie das seelische und soziale Leben der Menschen auf primitiver Stufe ein ausschließliches Gruppenleben bei hochgradiger Unbewusstheit des Individuums ist, so ist auch der spätere historische Entwicklungsprozess in der Hauptsache eine Kollektivangelegenheit und wird es wohl auch bleiben. Deshalb glaube ich an die Konvention als an eine kollektive Notwendigkeit. Sie ist ein Notbehelf, aber kein Ideal, weder in sittlicher noch in religiöser Beziehung, denn Unterwerfung an sie bedeutet immer Verzicht auf Ganzheit und eine Flucht vor den eigenen letzten Konsequenzen.

Die Unternehmung der Persönlichkeitsentwicklung ist in der Tat ein unpopuläres Wagnis, ein unsympathisches Abseits von der breiten Straße, eine eremitenhafte Eigenbrödelei, wie es den Außenstehenden bedünken will. Kein Wunder daher, dass von jeher nur die Wenigen auf diese sonderbare Aventure verfallen sind. Wären es allesamt Narren gewesen, so könnten wir sie als idiōtai, als geistige »Privatleute«, aus dem Blickfeld unseres Interesses entlassen. Unglücklicherweise aber sind die Persönlichkeiten in der Regel die legendären Helden der Menschheit, die Bewunderten, Geliebten, Angebeteten, die wahren Gottessöhne, deren Namen »nicht in Äonen untergehn«. Sie sind die echten Blüten und Früchte, die weiterzeugenden Samen des Menschheitsbaumes. Der Hinweis auf die historischen Persönlichkeiten erklärt hinlänglich, warum die Entwicklung zur Persönlichkeit ein Ideal, und warum der Vorwurf des Individualismus eine Beschimpfung ist. Die Größe der historischen Persönlichkeit hat niemals in ihrer unbedingten Unterwerfung an die Konvention, sondern im Gegenteil in ihrer erlösenden Freiheit *von* der Konvention bestanden. Sie ragten wie Berggipfel aus der Masse, die sich an kollektive Ängste, Überzeugungen, Gesetze und Methoden klammerte, hervor und wählten den eigenen Weg. Und immer kam es dem gewöhnlichen Menschen wunderlich vor, dass einer den gebahnten Wegen mit bekannten Zielen einen steilen und schmalen Pfad, der ins Unbekannte führt, vorziehen sollte. Deshalb hielt man immer dafür, dass ein solcher, wenn nicht wahnsinnig, so doch von einem Dämon oder Gott bewohnt sei; denn dieses Wunder, dass einer es anders tun könnte, als es die Menschheit seit jeher getan hat, konnte nur aus einer Begabung mit dämonischer Kraft oder göttlichem Geiste erklärt werden. Was anderes schließlich konnte dem Schwergewicht der ganzen Menschheit und der ewigen Gewohnheit die Waage halten als ein Gott? Von jeher hatten die Helden daher dämonische Attribute. Nach der nordischen Auffassung hatten sie Schlangenaugen; ihre Geburt oder Abstammung war sonderbar. Gewisse alte griechische Helden hatten Schlangenseelen, andere hatten einen Individualdämon, waren Zauberer oder von Gott Erwählte. Alle diese Attribute, die sich leicht um ein Vielfaches vermehren ließen, zeigen, dass für den gewöhnlichen Mann die hervorragende Persönlichkeit eine sozusagen *übernatürliche Erscheinung* ist, die nur durch das Dazutreten eines dämonischen Faktors erklärt werden kann.

Was veranlasst schließlich einen, den eigenen Weg zu wählen und dadurch aus der unbewussten Identität mit der Masse wie aus einer Nebelschicht emporzusteigen? Die Not kann es nicht sein, denn Not kommt an viele, und sie retten sich alle in die Konventionen. Die moralische Entscheidung kann es nicht sein, denn in der Regel entscheidet man sich für die Konvention. Was ist es also, das unerbittlich den Ausschlag zugunsten des *Ungewöhnlichen* gibt?

Es ist das, was man *Bestimmung* nennt; ein irrationaler Faktor, der schicksalhaft zur Emanzipation von der Herde und ihren ausgetretenen Wegen drängt. Echte Persönlichkeit hat immer Bestimmung und glaubt an sie, hat pistis zu ihr, wie zu Gott, obschon es, wie der gewöhnliche Mann sagen würde, nur ein individuelles Bestimmungsgefühl ist. Diese Bestimmung wirkt aber wie ein Gesetz Gottes, von dem es kein Abweichen gibt. Die

Tatsache, dass sehr viele an ihrem eigenen Wege zugrunde gehen, bedeutet dem, der Bestimmung hat, nichts. Er *muss* dem eigenen Gesetze gehorchen, wie wenn es ein Dämon wäre, der ihm neue, seltsame Wege einflüstert. Wer *Bestimmung* hat, hört die *Stimme des Innern,* er ist *bestimmt.* Deshalb glaubt auch die Sage, dass er einen privaten Dämon habe, der ihn berät und dessen Aufträge er auszuführen hat. Ein allbekanntes Beispiel dieser Art ist Faust, und ein historischer Fall ist das daimonion des Sokrates. Primitive Medizinmänner haben ihre Schlangengeister, wie auch Äskulap, der Schutzpatron der Ärzte, durch die epidaurische Schlange dargestellt war. Überdies hatte er als Privatdämon den Kabiren Telesphoros, der ihm anscheinend die Rezepte vorlas respektive eingab.

Bestimmung haben heißt im Ursinn: *von einer Stimme angesprochen sein.* Schönste Beispiele hierfür findet man in den Bekenntnissen der alttestamentlichen Propheten. Dass dies nicht bloß eine altertümliche façon de parler ist, beweisen die Bekenntnisse historischer Persönlichkeiten, wie Goethe und Napoleon, um zwei naheliegende Beispiele zu erwähnen, die aus ihrem Bestimmungsgefühl kein Hehl machten.

Die Bestimmung oder das Bestimmungsgefühl ist nun nicht etwa die Prärogative der großen Persönlichkeiten, sondern auch der kleinen bis hinunter zum Duodezformat; nur wird es mit abnehmender Größe schleierhafter und unbewusster. Es ist, wie wenn die Stimme des inneren Dämons ferner und ferner rückte und seltener und undeutlicher spräche. Je kleiner nämlich die Persönlichkeit ist, desto unbestimmter und unbewusster wird sie, und schließlich verschwimmt sie ununterschieden mit der Sozietät, dadurch der eigenen Ganzheit sich begebend und sich dafür im Ganzen der Gruppe auflösend. Anstelle der Stimme des Inneren tritt die Stimme der sozialen Gruppe und ihrer Konventionen, und anstelle der Bestimmung die kollektiven Bedürfnisse. Nicht wenigen aber geschieht es, auch in diesem unbewussten Sozialzustand von der individuellen Stimme aufgerufen zu werden, wodurch sie sofort von den anderen unterschieden sind und sich vor ein Problem gestellt fühlen, um das die anderen nicht wissen. Meist ist es unmöglich, dem Mitmenschen zu erklären, was geschehen ist, denn das Verständnis ist durch stärkste Vorurteile zugemauert. »Man ist wie alle anderen«, »so etwas gibt es nicht«, oder wenn es ist, so ist es natürlich »krankhaft«, überdies höchst unzweckmäßig, eine »ungeheuerliche Anmaßung, zu meinen, dass so etwas eine Bedeutung haben könnte«, es ist ja »nichts als Psychologie«. Gerade der letztere Einwand ist heutzutage höchst populär. Er geht hervor aus einer seltsamen Unterschätzung des Seelischen, welches man anscheinend als etwas persönlich Willkürliches und darum gänzlich Futiles ansieht, paradoxerweise bei aller psychologischen Begeisterung. Das Unbewusste ist doch »nichts als Phantasie«! Man hat etwas »bloß gedacht« usw. Man kommt sich vor wie Magier, welche das Seelische hin- und herzaubern und es so gestalten, wie einen die Laune ankommt. Man negiert Unbequemes, und Unerwünschtes wird sublimiert, Ängstliches wird wegerklärt, Irrtümer werden berichtigt, und am Schluss meint man, man hätte nun alles trefflich arrangiert. Dabei hat man die Hauptsache vergessen: nämlich, dass das Psychische nur zum geringsten Teil mit dem Bewusstsein und seinen Zauberkunststücken identisch ist, zum weitaus größeren Teil ist es unbewusste Tatsache, die hart und schwer wie der Granit unbeweglich und unzugänglich daliegt und jederzeit, sobald es unbekannten Gesetzen beliebt, auf uns niederstürzen kann. Die gigantischen Katastrophen, die *uns* bedrohen, sind keine Elementarereignisse physischer oder biologischer Natur, sondern psychische Ereignisse. Uns bedrohen in schreckenerregendem Maße Kriege und Revolutionen, die nichts anderes sind als psychische Epidemien. Jederzeit können einige Millionen Menschen von einem Wahn befallen werden, und dann haben wir wieder einen Weltkrieg oder eine verheerende Revolution. Statt wilden Tieren, stürzenden Felsen, überflutenden Gewässern ausgesetzt zu sein, ist der Mensch jetzt seinen seelischen Elementargewalten ausgesetzt. Das Psychische ist eine Großmacht, die alle Mächte der Erde um ein Vielfaches übersteigt. Die Aufklärung, welche die Natur und die menschlichen Institutionen entgöttert hat, hat den *einen Gott des Schreckens,* der in der Seele wohnt, übersehen. Gottesfurcht ist vor der Übermacht des Psychischen, wenn irgendwo, am Platze.

Das sind jedoch alles bloße Abstraktionen. Jedermann weiß, dass der Tausendsassa Intellekt es so und noch ganz anders sagen kann. Ein anderes hingegen ist es, wenn dieses objektive, granitharte und bleischwere Psychische dem Einzelnen als innere Erfahrung entgegentritt und mit vernehmlicher Stimme zu ihm spricht: »So wird und muss es gehen.« Dann fühlt er sich bestimmt, gerade so wie die sozialen Gruppen, wenn es Krieg heißt oder Revolution oder sonst ein Wahn. Nicht vergebens ist es gerade unsere Zeit, die nach der erlösenden Persönlichkeit ruft, das heißt nach dem, der sich von der unentrinnbaren Kollektivitätsmacht unterscheidet und damit wenigstens seelisch sich befreit und den anderen ein hoffnungsvolles Leuchtfeuer anzündet, welches bekundet, dass es wenigstens *einem* gelungen ist, der verhängnisvollen Identität mit der Gruppenseele zu entrinnen. Die Gruppe hat nämlich wegen ihrer Unbewusstheit keine freie Entscheidung, weshalb das Psychische sich in ihr auswirkt wie ein ungehemmtes Naturgesetz. Es entsteht ein kausalgebundener Ablauf, der erst mit der Katastrophe zum Stillstand kommt. Das Volk sehnt sich immer nach einem Helden, einem Drachentöter, wenn es die Gefahr des Psychischen fühlt, daher der Schrei nach der Persönlichkeit.

Was aber hat die einzelne Persönlichkeit mit der Not der Vielen zu tun? Sie ist zunächst ja Teil des Volksganzen, und der Gewalt, die das Ganze bewegt, ebenso ausgeliefert wie alle anderen. Das Einzige, was diesen Menschen von allen anderen unterscheidet, ist seine Bestimmung. Er ist aufgerufen von jenem übergewaltigen, allgemein bedrückenden Psychischen, das seine und des Volkes Not ist. Gehorcht er der Stimme, so ist er unterschieden und isoliert, denn er hat sich entschlossen, dem Gesetz zu folgen, das ihm aus seinem Inneren entgegentrat. »Seinem eigenen Gesetze«, werden alle rufen. Er allein weiß es besser, muss es besser wissen: es ist *das* Gesetz, *die* Bestimmung, so wenig sein »eigen« wie der Löwe, der ihn niederschlägt, obschon dies doch zweifellos der Löwe ist, der ihn tötet, und nicht irgendein anderer Löwe. In diesem Sinne bloß kann er von »Seiner« Bestimmung, »Seinem« Gesetz reden.

Schon mit der Entscheidung, seinen eigenen Weg über alle Wege zu setzen, hat er seine erlösende Bestimmung zum großen Teil erfüllt. Er hat die Gültigkeit aller anderen Wege für sich aufgehoben. Er hat sich *sein* Gesetz über alle Konventionen gestellt und damit alles für sich auf die Seite geräumt, was die große Gefahr nicht nur nicht verhindert, sondern sogar herbeigeführt hat. Konventionen sind nämlich an sich seelenlose Mechanismen, welche nie mehr können, als die Routine des Lebens erfassen. Das schöpferische Leben aber ist immer jenseits der Konvention. Daher kommt es, dass, wenn die bloße Routine des Lebens in der Form althergebrachter Konventionen vorherrscht, ein zerstörender Ausbruch der schöpferischen Kräfte erfolgen *muss.* Dieser Ausbruch ist aber nur katastrophal als *Massenerscheinung,* niemals aber im Einzelnen, der sich bewusst diesen höheren Kräften unterordnet und sein Können in ihren Dienst stellt. Der Mechanismus der Konvention hält die Menschen *unbewusst,* denn dann können sie wie das Wild auf altgewohnten Wechseln gehen, ohne Notwendigkeit bewusster Entscheidung. Diese unbeabsichtigte Wirkung auch der besten Konvention ist unvermeidlich, jedoch nicht minder eine furchtbare Gefahr. Denn wie beim Tier, so tritt auch bei den durch Routine unbewusst gehaltenen Menschen Panik mit all ihren unabsehbaren Folgen ein, wenn neue, durch die alten Konventionen nicht vorgesehene Umstände eintreten.

Persönlichkeit aber lässt sich von der Panik der Erwachenden nicht ergreifen, denn sie hat den Schrecken schon hinter sich. Sie ist der Veränderung der Zeit gewachsen und unwissentlich und unwillentlich *Führer.*

Gewiss sind alle Menschen auch einander gleich, denn sonst könnten sie nicht demselben Wahn unterliegen, und sicherlich ist der seelische Untergrund, auf dem das individuelle Bewusstsein ruht, ein universal gleichartiger, denn sonst könnten sich Menschen gegenseitig nie verständigen. So ist auch in diesem Sinne die Persönlichkeit und ihre eigentümliche seelische Beschaffenheit nicht etwas absolut Einmaliges und Einzigartiges. Die Einzigartigkeit gilt nur für die *Individualität* der Persönlichkeit, wie sie für jegliche Individualität gilt. Persönlichkeit zu werden, ist nicht die absolute Prärogative des genialen Menschen. Ja, er kann genial sein, ohne Persönlichkeit zu haben oder zu sein. Insofern jedes Individuum sein ihm eingeborenes Lebensgesetz hat, hat jeder die theoretische Möglichkeit, diesem Gesetz vor allen zu folgen und damit zur Persönlichkeit zu werden, das heißt Ganzheit zu erlangen. Da nun aber das Lebendige nur in Form lebender Einheiten, das heißt Individuen existiert, so zielt das Lebensgesetz in letzter Linie immer auf ein *individuell gelebtes Leben.* Obschon also das Objektiv-Psychische, das man im Grunde gar nicht anders denken kann denn als eine universale und gleichartige Gegebenheit, dieselbe seelische Vorbedingung für alle Menschen bedeutet, so muss es sich, sobald es in Erscheinung treten will, individuieren, denn es bleibt ihm gar keine Wahl, als sich durch das Einzelindividuum auszudrücken. Es sei denn, dass es eine Gruppe ergreift, wo es dann aber naturgemäß zur Katastrophe führt, und dies einfach darum, weil es nur unbewusst wirkte, von keinem Bewusstsein assimiliert und allen anderen schon vorhandenen Lebensbedingungen eingeordnet wurde.

Nur wer *bewusst* zur Macht der ihm entgegentretenden inneren Bestimmung Ja sagen kann, wird zur Persönlichkeit; wer ihr aber unterliegt, verfällt dem blinden Ablauf des Geschehens und wird vernichtet. Das ist das Große und Erlösende jeder echten Persönlichkeit, dass sie sich mit freiwilliger Entscheidung ihrer

Bestimmung zum Opfer bringt und mit Bewusstsein das in ihre individuelle Wirklichkeit übersetzt, was, von der Gruppe unbewusst gelebt, nur zum Verderben führen würde.

Eines der glänzendsten Beispiele des Lebens und des Sinnes einer Persönlichkeit, das uns die Geschichte aufbewahrt hat, ist das Leben Christi. Dem römischen Cäsarenwahn, der nicht etwa nur dem Kaiser, sondern jedem Römer – »civis Romanus sum« – eignete, entstand ein Gegenspieler im Christentum, das, beiläufig erwähnt, die einzige Religion war, die von den Römern wirklich verfolgt wurde. Der Gegensatz zeigte sich, wo immer Cäsarenkult und Christentum aufeinanderprallten. Wie wir aber aus den Andeutungen der Evangelien über den seelischen Werdegang der Persönlichkeit Christi wissen, spielte dieser Gegensatz auch in der Seele des Stifters der christlichen Religion die ausschlaggebende Rolle. Die Versuchungsgeschichte zeigt uns deutlich, mit was für einer psychischen Macht Jesus zusammengestoßen ist: es war der Machtteufel der zeitgenössischen Psychologie, der ihn in der Wüste in ernstliche Versuchung führte. Dieser Teufel war das Objektiv-Psychische, welches alle Völker des römischen Imperiums in seinem Bann hielt; darum auch versprach er Jesus alle Reiche der Erde, wie wenn er ihn zum Cäsar hätte machen wollen. Der inneren Stimme, seiner Bestimmung und Berufung folgend, hat Jesus sich dem Anfall des imperialistischen Wahnes, der alle erfüllte – Sieger und Besiegte – freiwillig ausgesetzt. Damit erkannte er die Natur des Objektiv-Psychischen, das alle Welt in einen leidensvollen Zustand versetzte und eine Erlösungssehnsucht zeitigte, die auch bei heidnischen Dichtern ihren Ausdruck fand. Diesen seelischen Anfall, den er bewusst auf sich wirken ließ, unterdrückte er nicht und ließ sich auch von ihm nicht unterdrücken, sondern er assimilierte ihn. Und so wurde aus dem weltbeherrschenden Cäsar ein geistiges Königtum und aus dem Imperium Romanum ein universales, unweltliches Gottesreich. Wo das gesamte jüdische Volk als Messias einen ebenso imperialistischen als politisch tatkräftigen Helden erwartete, hat Christus die messianische Bestimmung weniger für seine Nation als für die römische Welt erfüllt und die Menschheit auf die alte Wahrheit hingewiesen, dass, wo Macht herrscht, keine Liebe ist, und wo Liebe herrscht, keine Macht gilt. Die Religion der Liebe war der genaue psychologische Gegenzug zur römischen Machtteufelei.

Das Beispiel des Christentums illustriert wohl am besten meine vorhergehenden, abstrakten Erörterungen. Dieses anscheinend einzigartige Leben ist deshalb zum geheiligten Symbol geworden, weil es der psychologische Prototyp des einzig sinnvollen Lebens ist, nämlich eines Lebens, welches nach der individuellen, das heißt absoluten und unbedingten Verwirklichung seines ihm eigentümlichen Gesetzes strebt. In diesem Sinne kann man mit Tertullian ausrufen: »Anima naturaliter christiana!«

Die Deifikation Jesu sowohl wie Buddhas verwundert nicht, aber schlagend die ungeheure Wertschätzung, welche die Menschheit diesen Helden und damit dem Ideal der Persönlichkeitswerdung entgegenbringt. Wenn es gegenwärtig den Anschein hat, als ob das blinde und zerstörerische Vorwiegen sinnloser Kollektivmächte das Persönlichkeitsideal in den Hintergrund drängen würde, so ist dies nur eine vorübergehende Auflehnung gegen die Übermacht der Historie. Ist einmal durch die revolutionäre, unhistorische und daher auch ungebildete Neigung der neuen Generation die Tradition genügend abgerissen, so werden Helden wieder gesucht und gefunden. Selbst der Bolschewismus, der an Radikalismus nichts zu wünschen übrig lässt, hat Lenin einbalsamiert und aus Karl Marx einen Heiland gemacht. Das Persönlichkeitsideal ist ein unausrottbares Bedürfnis der menschlichen Seele, die es mit umso größerem Fanatismus verteidigt, je unpassender es angelegt ist. Ja, selbst der Cäsarenkult war ein missverstandener Persönlichkeitskultus, und der moderne Protestantismus, dessen kritische Theologie die *Göttlichkeit* Christi immer mehr zum Schwinden brachte, hat seine letzte Zuflucht in der *Persönlichkeit* Jesu genommen.

Ja, es ist eine große und geheimnisvolle Sache um das, was

man als »Persönlichkeit« bezeichnet. Alles, was man darüber sagen kann, ist immer sonderbar unbefriedigend und inadäquat, und stets droht die Gefahr, dass die Diskussion in ein ebenso überschwängliches wie hohles Geschwätz sich verliert. Selbst der Begriff der Persönlichkeit ist im gemeinen Sprachgebrauch ein so vages und schlecht definiertes Wort, dass man wohl kaum zwei Köpfe findet, die dasselbe darunter verstehen. Wenn ich hier eine bestimmte Auffassung proponiere, so bilde ich mir nicht ein, dass damit das letzte Wort gesagt sei. Ich möchte alles, was ich hier sage, nur als einen Versuch betrachten, mich dem Problem der Persönlichkeit zu nähern, ohne Anspruch, es auch zu lösen. Eigentlich möchte ich meinen Versuch lieber als eine Beschreibung des psychologischen Problems der Persönlichkeit auffassen. Die gewöhnlichen psychologischen Mittelchen und Tinkturen versagen hier alle ein bisschen, genauso wie beim Problem des genialen oder schöpferischen Menschen. Die Ableitung aus der familiären Heredität und aus dem Milieu gelingt nicht ganz: die heute so beliebte Kindheitsromantik verläuft – milde gesagt – im Uneigentlichen; die Erklärung aus der Not – kein Geld, krank usw. – bleibt im Äußeren stecken. Immer kommt ein Irrationales, nicht zu Rationalisierendes dazu, ein deus ex machina oder ein asylum ignorantiae, dieser bekannte Übername Gottes. Das Problem scheint hier in einen außermenschlichen Bereich zu greifen, wofür seit jeher irgendein Gottesname gesetzt wird. Wie ersichtlich, musste auch ich die Stimme des Inneren, die Bestimmung, erwähnen und sie als ein machtvolles Objektiv-Psychisches bezeichnen, um sie so zu charakterisieren, wie sie in der werdenden Persönlichkeit wirkt und gegebenenfalls auch subjektiv erscheint. Mephistopheles ist im *»Faust«* nicht etwa darum personifiziert, weil es sich dramatisch oder bühnentechnisch besser ausnimmt, als wenn Faust sich selber moralisierte und seinen eigenen Teufel sich an die Wand malte. Die ersten Worte der Zueignung: »Ihr naht euch wieder, schwankende Gestalten« – sind mehr als ein ästhetischer Effekt. Es ist, wie der Konkretismus des Teufels, ein

Zugeständnis an die Objektivität der psychischen Erfahrung, ein leises Bekenntnis, dass es *doch* so war, nicht aus subjektiven Wünschen, Befürchten oder Gutdünken, sondern irgendwie aus sich selber. Gewiss, nur ein Dummkopf könnte an Gespenster denken, aber etwas wie ein primitiver Dummkopf scheint überall unter der Oberfläche des vernünftigen Tagesbewusstseins zu lauern.

Daher der ewige Zweifel, ob das scheinbar Objektiv-Psychische wirklich objektiv oder nicht am Ende eine Einbildung sei. Aber sofort erhebt sich die Frage: Habe ich mit Absicht mir solches eingebildet, oder ist es mir eingebildet worden? Es ist ein ähnliches Problem wie das des Neurotikers, der an einem eingebildeten Karzinom leidet. Er weiß es, und man hat es ihm hundertmal gesagt, dass es eine Einbildung sei, und er fragt mich eingeschüchtert: »Ja, aber wie kommt es denn, dass ich mir so etwas einbilde? Ich will es doch nicht.« Die Antwort hierauf ist: Die Karzinomidee *hat sich ihm eingebildet,* ohne sein Vorwissen und ohne seine Erlaubnis. Der Grund zu diesem Vorgang ist, dass ein psychisches Wachstum, eine »Wucherung« in seinem Unbewussten stattfindet, die er sich nicht bewusstmachen kann. Vor dieser inneren Tätigkeit empfindet er Angst. Da er aber ganz überzeugt ist, dass innen, in der eigenen Seele, doch nichts sein kann, was *er* nicht weiß, so muss er diese Angst eben auf ein körperliches Karzinom beziehen, von dem er weiß, dass es nicht existiert. Und sollte er trotzdem Angst davor haben, so werden ihm hundert Ärzte bestätigen, dass die Angst ganz grundlos sei. So ist die Neurose ein Schutz gegen die objektive innere Tätigkeit der Seele oder ein etwas teuer bezahlter Versuch, sich der inneren Stimme und damit der Bestimmung zu entziehen. Denn diese »Wucherung« ist jene objektive, von bewusster Willkür unabhängige Tätigkeit der Seele, die mit der inneren Stimme zum Bewusstsein sprechen möchte, um den Menschen seiner Ganzheit zuzuführen. Hinter der neurotischen Verdrehung steckt Bestimmung, Schicksal und das Werden der Persönlichkeit, die völlige Verwirklichung des dem Individuum eingeborenen Lebenswillens. Der Mensch ohne amor fati ist der Neurotiker; er versäumt sich selbst, und nie kann er mit Nietzsche sagen: »Nie erhebt sich ein Mann höher, als wenn er nicht weiß, wohin ihn sein Schicksal noch führen wird.«[48]

In dem Maße, als man, dem eigenen Gesetze untreu, nicht zur Persönlichkeit wird, hat man den Sinn seines Lebens verpasst. Glücklicherweise hat die gütige und langmütige Natur den meisten Menschen nie die fatale Frage nach dem Sinn ihres Lebens auf die Zunge gelegt. Und wo niemand fragt, braucht keiner zu antworten.

Die Karzinom-Angst des Neurotikers hat also recht, sie ist keine Einbildung, sondern der folgerichtige Ausdruck einer seelischen Tatsache, die im außerbewussten Bereiche, dem Willen und der Einsicht unerreichbar, existiert. Ginge er in die Wüste mit sich selber und hörte er in der Einsamkeit nach innen, so möchte er vielleicht vernehmen, was die Stimme des Inneren sagt. Aber in der Regel ist der verbildete Kulturmensch ganz unfähig, die doktrinär nicht gewährleistete Stimme wahrzunehmen. Primitive sind dazu in viel höherem Maße befähigt, zum mindesten können die Medizinmänner, da es sogar zu ihrem professionellen Rüstzeug gehört, mit Geistern, Bäumen und Tieren reden, das heißt in diesen Gestalten tritt ihnen das Objektiv-Psychische, das seelische Nicht-Ich entgegen.

Weil die Neurose eine Entwicklungsstörung der Persönlichkeit ist, so sind wir Seelenärzte schon durch die berufliche Notwendigkeit gezwungen, uns mit dem scheinbar fernliegenden Problem der Persönlichkeit und der inneren Stimme zu befassen. In der praktischen Psychotherapie treten diese sonst so vagen und so oft ins Phrasenhafte entarteten seelischen Tatsachen aus dem Dunkel ihrer Unbekanntheit hervor und nähern sich der Sichtbarkeit. Jedoch geschieht dies nur äußerst selten spontan wie beim alttesta-

48 In der angloamerikanischen Gesamtausgabe wird dieser Ausspruch Cromwell zugeschrieben.

mentlichen Propheten; in der Regel müssen jene seelischen Tatbestände, welche die Störung veranlassen, mühsam bewusstgemacht werden. Die zutage tretenden Inhalte entsprechen aber durchaus der »Stimme des Inneren« und bedeuten schicksalhafte Bestimmung, welche, wenn vom Bewusstsein angenommen und eingeordnet, die Entwicklung der Persönlichkeit herbeiführt.

So wie die große Persönlichkeit sozial lösend, erlösend, umgestaltend und heilend wirkt, so hat auch die Geburt der eigenen Persönlichkeit heilende Wirkung auf das Individuum. Es ist, wie wenn ein in versumpfte Nebenarme sich verlierender Strom plötzlich wieder sein Strömungsbett entdeckte, oder wie wenn ein Stein, der auf einem keimenden Samen lag, weggehoben würde, so dass der Schoß sein natürliches Wachstum beginnen kann.

Die Stimme des Inneren ist die Stimme eines volleren Lebens, eines weiteren, umfänglicheren *Bewusstseins.* Daher fallen im mythologischen Sinne die Heldengeburt oder die symbolische Wiedergeburt mit dem Sonnenaufgang zusammen, weil das Werden der Persönlichkeit gleichbedeutend ist mit einer *Vermehrung der Bewusstheit.* Aus demselben Grunde sind die meisten Helden durch Sonnenattribute gekennzeichnet, und der Moment der Geburt ihrer großen Persönlichkeit wird Erleuchtung genannt.

Die Furcht, welche die meisten natürlichen Menschen vor der Stimme des Inneren empfinden, ist nicht so kindisch, wie es einen dünken möchte. Die dem beschränkten Bewusstsein gegenübertretenden Inhalte sind, wie das klassische Beispiel des Christuslebens oder das ebenso bezeichnende Mara-Erlebnis der Buddhalegende zeigt, keineswegs harmlos, sondern bedeuten in der Regel die Gefahr, welche dem betroffenen Individuum spezifisch ist. Es ist in der Regel etwas Ungutes, ja Böses, was die Stimme des Inneren an uns heranbringt. Das muss so sein vor allem darum, weil man für gewöhnlich seiner Tugenden nicht so unbewusst ist wie seiner Untugenden, und sodann, weil man am Guten weniger leidet als am Bösen. Die innere Stimme bringt, wie ich vorhin erörterte, das zum Bewusstsein, woran das Ganze, das heißt das

Volk, zu dem man gehört, oder die Menschheit, deren Teil wir sind, leidet. Aber sie stellt dieses Böse in individueller Form dar, so dass man zunächst meinen könnte, dass all dieses Böse nur individuelle Charaktereigenschaft wäre. Die innere Stimme bringt das Böse in versucherisch überzeugender Weise heran, um zu bewirken, dass man ihm erliegt. Unterliegt man ihm nicht zum Teil, so geht nichts von diesem scheinbar Bösen in uns hinein, und dann kann auch keine Erneuerung und Heilung stattfinden. (Ich nenne das Böse der inneren Stimme »scheinbar«, was zu optimistisch klingt.) Wenn das Ich der inneren Stimme völlig unterliegt, dann wirken ihre Inhalte, wie wenn sie ebenso viele Teufel wären, das heißt es folgt eine Katastrophe. Unterliegt das Ich aber nur zum Teil und kann es sich vor dem gänzlichen Verschlungenwerden durch Selbstbehauptung retten, dann kann es die Stimme assimilieren, und dann stellt es sich heraus, dass das Böse nur ein böser Schein war, in Wirklichkeit aber ein Bringer des Heils und der Erleuchtung. »Luziferisch« in des Wortes eigentlichstem und unzweideutigstem Sinne ist der Charakter der inneren Stimme, und deshalb stellt sie den Menschen vor letzte moralische Entscheidungen, ohne die er eben nie zur Bewusstheit gelangen und zur Persönlichkeit werden kann. In unergründlicher Weise ist oft Niederstes und Höchstes, Bestes und Verruchtestes, Wahrstes und Verlogenstes in der Stimme des Inneren gemischt, einen Abgrund von Verwirrung, Täuschung und Verzweiflung aufreißend.

Es ist natürlich lächerlich, wenn man die Stimme der allgütigen und allzerstörenden Natur der Bosheit anklagt. Wenn sie uns vorzugsweise böse erscheint, so rührt das wesentlich von der alten Wahrheit her, dass das Gute immer der Feind des Besseren ist. Wir wären ja närrisch, wenn wir uns nicht am althergebrachten Guten hielten, solange wie immer möglich. Aber wie Faust sagt:

> Wenn wir zum Guten dieser Welt gelangen,
> Dann heißt das Bess're Trug und Wahn!

Ein Gutes ist leider nicht ewig gut, denn sonst gäbe es nichts Besseres. Soll das Bessere kommen, so muss das Gute weichen. Deshalb sagte ja der Meister Eckhart: »Gott ist nicht gut, denn sonst könnte er besser sein.«

Es gibt darum Zeiten in der Weltgeschichte (die unsere dürfte dazugehören), wo ein Gutes weichen muss, und darum erscheint jenes, welches bestimmt ist, das Bessere zu werden, zunächst als Böses. Wie gefährlich es ist, diese Probleme überhaupt nur zu berühren, zeigt der eben ausgesprochene Satz; denn wie leicht kann sich damit das Böse einschmuggeln, wenn es einfach erklärt, es sei eben das potentiell Bessere! Die Problematik der inneren Stimme ist voll heimlicher Fanggruben und Fußangeln. Gefährlichstes, schlüpfrigstes Gebiet, genauso gefährlich und abwegig wie das Leben selber, wenn es auf Geländer verzichtet. Wer aber sein Leben nicht verlieren kann, wird es auch nicht gewinnen. Die Geburt des Helden und das Heldenleben ist eben immer bedroht. Die Schlangen der Hera, die den Säugling Herakles bedrohen, der Python, der die Geburt des Lichtgottes Apollo vernichten will, der bethlehemitische Kindermord sind typische Beispiele. Das Werden der Persönlichkeit ist ein Wagnis, und es ist tragisch, dass gerade der Dämon der inneren Stimme höchste Gefahr und unerlässliche Hilfe zugleich bedeutet. Es ist tragisch, aber logisch. Es ist natürlicherweise so.

Kann man es darum der Menschheit und allen wohlmeinenden Hirten der Herde und besorgten Vätern der Kinderscharen verdenken, wenn sie schützende Mauern errichten, wirksame Bilder aufstellen und gangbare Wege empfehlen, welche sich um Abgründe herumschlängeln?

Schließlich und am Ende ist ja auch der Held, Führer und Heiland jener, welcher einen neuen Weg zu höherer Sicherheit entdeckt. Man könnte ja alles beim Alten lassen, wenn dieser neue Weg es nicht unbedingt verlangte, entdeckt zu werden und die Menschheit nicht mit allen Plagen Ägyptens solange heimsuchte, bis der neue Weg gefunden ist. Der unentdeckte Weg in uns ist wie ein psychisch Lebendiges, das die klassische chinesische Philosophie »Tao« nennt und einem Wasserlauf vergleicht, der unerbittlich sich zu seinem Ziele bewegt. Im Tao sein, bedeutet Vollendung, Ganzheit, erfüllte Bestimmung, Anfang und Ziel und völlige Verwirklichung des den Dingen eingeborenen Daseinssinnes. Persönlichkeit ist Tao.

Seele und Tod (1934)

Schon öfters ist an mich die Frage gerichtet worden, was ich vom Tode halte, von jenem unproblematischen Ende der menschlichen Einzelexistenz. Der Tod ist uns bekannt als ein Ende schlechthin. Es ist der Schlusspunkt, welcher oft noch vor das Ende des Satzes gesetzt wird, über den hinaus es nur noch Erinnerung oder Folgewirkung bei anderen gibt. Für den Betroffenen aber ist der Sand im Glase abgelaufen; der rollende Stein ist zur Ruhelage gekommen. Angesichts solchen Todes erscheint uns das Leben stets wie ein Ablauf, wie der Gang einer aufgezogenen Uhr, deren endlicher Stillstand selbstverständlich ist. Nie sogar sind wir mehr vom »Ablauf« des Lebens überzeugt, als wenn ein Menschenleben vor unseren Augen zu Ende kommt, und nie erhebt sich dringender und peinlicher die Frage nach Sinn und Wert des Lebens, als wenn wir sehen, wie der letzte Hauch einen eben noch lebendigen Körper verlässt. Wie anders erscheint uns der Sinn des Lebens, wenn wir den jugendlichen Menschen sich um ferne Ziele bemühen und Zukunft schaffen sehen, als wenn ein unheilbar Kranker oder ein Greis widerwillig und kraftlos ins Grab sinkt! Die Jugend – will es uns scheinen – hat Ziel, Zukunft, Sinn und Wert. Das Zuendegehen aber ist ein bloß sinnloses Aufhören. Hat ein Junger Angst vor Welt, Leben und Zukunft, so findet es jedermann bedauerlich, unvernünftig, neurotisch; man hält ihn für einen feigen Drückeberger. Wenn aber der alternde Mensch ein geheimes Grauen, ja sogar Todesangst empfindet beim Gedanken, dass seine vernünftige Lebenserwartung jetzt nur noch so und so viele Jahre beträgt, dann ist man peinlich an gewisse Gefühle im eigenen Busen erinnert; man schaut womöglich weg und lenkt das Gespräch auf ein anderes Thema. Der Optimismus, mit dem man den Jungen beurteilt, versagt hier. Man hat zwar für alle Fälle ein paar passende Lebensweisheiten zur Hand, welche man bei Gelegenheit dem anderen gegenüber zum Besten gibt, zum Beispiel »Jeder muss einmal sterben«, »Man lebt nicht ewig« usw. Aber wenn man allein ist, und es ist Nacht und so dunkel und still, dass man nichts hört und nichts sieht als die Gedanken, welche Lebensjahre addieren und subtrahieren, als die lange Reihe jener unangenehmen Tatsachen, welche erbarmungslos beweisen, wie weit der Zeiger der Uhr vorgerückt ist, als das langsame und unaufhaltsame Näherkommen jener schwarzen Wand, welche alles, was ich liebe, wünsche, besitze, hoffe und erstrebe, endgültig verschlingen wird, dann verkriechen sich alle Lebensweisheiten in ein unauffindbares Versteck, und Angst fällt auf den Schlaflosen wie eine erstickende Decke.

Wie es eine große Zahl junger Menschen gibt, die im Grunde genommen eine panische Angst haben vor dem Leben, das sie doch so sehr ersehnen, so gibt es eine vielleicht noch größere Zahl alternder Menschen, welche die gleiche Furcht vor dem Tode haben. Ja, ich habe die Erfahrung gemacht, dass gerade jene jungen Leute, welche das Leben fürchten, später ebenso sehr an Todesangst leiden. Sind sie jung, so sagt man, sie hätten infantile Widerstände gegen die normalen Forderungen des Lebens; sind sie alt, so müsste man eigentlich dasselbe sagen, nämlich dass sie ebenfalls Angst vor einer normalen Forderung des Lebens haben. Aber man ist dermaßen davon überzeugt, dass der Tod einfach das Ende eines Ablaufes ist, dass es einem in der Regel gar nicht beikommt, den Tod ähnlich als ein Ziel und eine Erfüllung aufzufassen, wie man es bei den Zwecken und Absichten des aufsteigenden, jugendlichen Lebens ohne Weiteres tut.

Das Leben ist ein energetischer Ablauf wie irgendeiner. Aber jeder energetische Vorgang ist im Prinzip irreversibel und darum eindeutig auf ein Ziel gerichtet, und das Ziel ist die Ruhelage. Jeder Vorgang ist schließlich nichts anderes als eine anfängliche Störung einer sozusagen ewigen Ruhelage, die sich immer wieder herzustellen sucht. Das Leben ist sogar das Teleologische par excellence, es ist Zielstrebigkeit selber, und der lebende Körper ist ein System von Zweckmäßigkeiten, welche sich zu erfüllen trachten. Das Ende jeglichen Ablaufes ist sein Ziel. Jeder Ablauf ist wie ein Läufer, der mit größter Anstrengung und stärkstem Kraftaufwand danach strebt, sein Ziel zu erreichen. Jugendliche Sehnsucht nach Welt und Leben, nach Erreichung hochgespannter Hoffnungen und ferner Ziele ist die offenkundige Zielstrebigkeit des Lebens, welche sich sofort in Lebensangst, neurotische Widerstände, Depressionen und Phobien verwandelt, wenn sie irgendwo an der Vergangenheit hängen bleibt oder vor Wagnissen zurückschreckt, ohne welche die gesteckten Ziele nicht erreicht werden können. Mit der Erlangung der Reife und des Höhepunktes des biologischen Lebens, welcher ungefähr mit der Lebensmitte zusammenfällt, hört aber die Zielstrebigkeit des Lebens keineswegs auf. Mit derselben Intensität und Unaufhaltsamkeit, mit der es vor der Lebensmitte bergauf ging, geht es jetzt bergab, denn das Ziel liegt nicht auf dem Gipfel, sondern im Tale, wo der Aufstieg begann. Die Kurve des Lebens ist wie eine Geschossparabel. In seiner anfänglichen Ruhelage gestört, steigt das Geschoss auf und kehrt wieder zur Ruhelage zurück.

Die psychologische Lebenskurve allerdings will mit dieser Naturgesetzmäßigkeit nicht stimmen. Die Unstimmigkeit fängt gelegentlich schon frühe im Aufstieg an. Das Geschoss steigt zwar biologisch, aber psychologisch zögert es. Man bleibt hinter seinen Jahren zurück, man bewahrt seine Kindheit, wie wenn man sich vom Boden nicht trennen könnte. Man hält den Zeiger an und bildet sich ein, die Zeit stehe dann still. Ist man mit einiger Verspätung schließlich doch auf einen Gipfel gelangt, so setzt man sich psychologisch auch dort wieder zur Ruhe und, obschon man merken könnte, wie man auf der anderen Seite wieder herunterrutscht, so klammert man sich doch wenigstens mit anhaltenden Rückblicken an die einstmals erreichte Höhe. Wie früher die Furcht als Hemmnis vor dem Leben stand, so steht sie jetzt vor dem Tode. Es wird zwar zugegeben, dass man aus Furcht vor dem Leben sich beim Aufstieg verspätet hat, erhebt aber jetzt gerade wegen der Verspätung einen umso größeren Anspruch auf das Festhalten der erreichten Höhe. Es ist zwar offenkundig geworden, dass das Leben sich trotz allen Widerständen (die jetzt ach so sehr bereut werden) durchgesetzt hat, aber ungeachtet dieser Erkenntnis wird jetzt doch wieder versucht, das Leben stillzustellen. Damit verliert die Psychologie eines solchen Menschen ihren natürlichen Boden. Sein Bewusstsein steht in der Luft, während unter ihm die Parabel mit vermehrter Geschwindigkeit absinkt.

Der Nährboden der Seele ist das natürliche Leben. Wer dieses nicht begleitet, bleibt in der Luft hängen und erstarrt. Darum verholzen so viele Menschen im reifen Alter, sie schauen zurück und klammern sich an die Vergangenheit mit geheimer Todesfurcht im Herzen. Sie entziehen sich dem Lebensprozess wenigstens psychologisch und bleiben darum als Erinnerungssalzsäulen stehen, die sich zwar noch lebhaft an ihre Jugendzeit zurückerinnern, aber kein lebendiges Verhältnis zur Gegenwart finden können. Von der Lebensmitte an bleibt nur der lebendig, der mit dem Leben sterben will. Denn das, was in der geheimen Stunde des Lebensmittags geschieht, ist die Umkehr der Parabel, *die Geburt des Todes.* Das Leben der zweiten Lebenshälfte heißt nicht Aufstieg, Entfaltung, Vermehrung, Lebensüberschwang, sondern Tod, denn sein Ziel ist das Ende. Seine-Lebenshöhe-nicht-Wollen ist dasselbe wie Sein-Ende-nicht-Wollen. Beides ist: Nicht-leben-Wollen. Nicht-leben-Wollen ist gleichbedeutend mit Nicht-sterben-Wollen. Werden und Vergehen ist dieselbe Kurve.

Diese ganz unzweifelhafte Wahrheit macht das Bewusstsein wenn irgend möglich nicht mit. Man ist in der Regel an seine Vergangenheit verhaftet und bleibt in der Illusion der Jugendlichkeit stecken. Altsein ist äußerst unpopulär. Man scheint nicht zu berücksichtigen, dass Nicht-altern-Können genauso blödsinnig ist wie den Kinderschuhen Nicht-entwachsen-Können. Ein Mann von dreißig, der noch infantil ist, ist wohl bedauernswert, aber ein jugendlicher Siebzigjähriger, ist das nicht entzückend? Und doch sind beide pervers, stillos, psychologische Naturwidrigkeiten. Ein Junger, der nicht kämpft und siegt, hat das Beste seiner Jugend verpasst, und ein Alter, welcher auf das Geheimnis der Bäche, die von Gipfeln in Täler rauschen, nicht zu lauschen versteht, ist sinnlos, eine geistige Mumie, welche nichts ist als erstarrte Vergangenheit. Er steht abseits von seinem Leben, maschinengleich sich wiederholend bis zur äußersten Abgedroschenheit. Was für eine Kultur, die solcher Schattengestalten bedarf!

Unsere statistisch vorhandene relative Langlebigkeit ist eine Kulturerrungenschaft. Primitive Menschen erreichen nur ausnahmsweise ein hohes Alter. So sah ich nur ganz wenige Männer mit weißen Haaren und schätzungsweise älter als sechzig bei den von mir besuchten primitiven Stämmen in Ostafrika. Aber die waren wirklich alt, und zwar so, wie wenn sie immer alt gewesen wären, so völlig hatten sie sich in ihr Alter eingelebt. Sie waren eben das, was sie waren, in jeglicher Beziehung. Wir sind immer nur mehr oder weniger, als wir eigentlich sind. Es ist, wie wenn unser Bewusstsein von seiner natürlichen Grundlage etwas abgerutscht wäre und sich mit der natürlichen Zeit nicht mehr ganz auskennte. Es scheint, als ob wir an einer Hybris des Bewusstseins litten, die uns vorspiegelt, die Lebenszeit sei eine bloße Illusion, die man nach Belieben ändern könne. (Man fragt sich, woher das Bewusstsein seine Fähigkeit, naturwidrig sein zu können, eigentlich bezieht und was solche Eigenmächtigkeit wohl bedeutet.)

Wie die Flugbahn des Geschosses im Ziel, so endet das Leben im Tod, der mithin das Ziel des ganzen Lebens ist. Selbst dessen Aufstieg und sein Höhepunkt sind nur Stufen und Mittel zum Zwecke, das Ziel, nämlich den Tod, zu erreichen. Diese paradoxe Formel ist nichts als der logische Schluss aus der Tatsache der Zielstrebigkeit und Zweckbestimmtheit des Lebens. Ich glaube nicht, dass ich mich damit einer syllogistischen Spielerei schuldig mache. Dem Aufstieg des Lebens billigen wir Ziel und Sinn zu, warum nicht dem Abstieg? Die Geburt des Menschen ist bedeutungsschwanger, warum nicht der Tod? Der junge Mensch wird zwanzig und mehr Jahre auf die völlige Entfaltung seiner Einzelexistenz vorbereitet, warum soll er sich nicht zwanzig und mehr Jahre auf sein Ende vorbereiten? Allerdings – mit dem Höhepunkt hat man es sichtlich erreicht, man ist's und man hat's. Was ist aber mit dem Tod erreicht?

Es ist mir unsympathisch, in dem Moment, wo man etwas erwarten dürfte, plötzlich einen Glauben aus der Tasche zu ziehen und meinen Leser aufzufordern, ausgerechnet das zu tun, was er nie konnte, nämlich etwas glauben. Ich muss gestehen, ich konnte es auch nie. Darum werde ich jetzt gewiss nicht behaupten, man müsse eben glauben, dass der Tod eine zweite Geburt sei und in eine Fortdauer über das Grab hinaus überleite. Ich darf aber wenigstens erwähnen, dass der consensus gentium ausgesprochene Auffassungen vom Tode hat, welche sich in allen großen Religionen der Erde unmissverständlich ausgedrückt haben. Ja, man kann sogar behaupten, dass die Mehrzahl dieser Religionen komplizierte Systeme der Vorbereitung des Todes sind, und zwar in einem solchen Maße, dass das Leben tatsächlich im Sinne meiner obigen paradoxen Formel nichts bedeutet als eine Vorbereitung auf das letzthinnige Ziel, den Tod. Für die beiden größten lebenden Religionen, das Christentum und den Buddhismus, vollendet sich der Sinn des Daseins in seinem Ende.

Mit der Epoche der Aufklärung hat sich eine Meinung über das Wesen der Religionen entwickelt, welche wegen ihrer weiten Verbreitung Erwähnung verdient, obschon sie ein typisch aufklärerisches Missverständnis ist. Nach dieser Meinung sollen Religionen etwas wie philosophische Systeme und, wie diese, mit dem Kopf ausgeklügelt worden sein. Irgendjemand habe einmal einen Gott und sonstige Dogmen erfunden und mit dieser »wunscherfüllenden« Phantasie die Menschheit an der Nase herumgeführt. Dieser Meinung steht aber die psychologische Tatsache gegenüber, dass die religiösen Symbole mit dem Kopf eben gerade sehr schlecht gedacht werden können. Sie stammen auch gar nicht aus dem Kopfe, sondern irgendwo anders her, vielleicht aus dem Herzen, jedenfalls aus einer psychischen Tiefenschicht, die dem Bewusstsein, das immer nur Oberfläche ist, wenig ähnelt. Darum haben die religiösen Symbole auch ausgesprochenen »Offenbarungscharakter«, das heißt, sie sind in der Regel spontane Erzeugnisse der unbewussten Seelentätigkeit. Sie sind alles, nur nicht ausgedacht; sie sind vielmehr im Laufe der Jahrtausende allmählich gewachsen, wie Pflanzen, als natürliche Offenbarungen der Menschheitsseele. Auch heutzutage können wir noch immer die spontane Entstehung echter und rechter religiöser Symbole bei einzelnen Individuen beobachten, wo sie aus dem Unbewussten hervorwachsen wie Blumen fremder Art, und das Bewusstsein steht verlegen daneben und weiß nicht recht, was es mit solcher Geburt anfangen soll. Es lässt sich mit nicht allzu großen Schwierigkeiten feststellen, dass diese individuellen Symbole inhaltlich und formal demselben unbewussten »Geiste« (oder was es immer ist) entstammen wie die großen Menschheitsreligionen. Auf alle Fälle beweist die Erfahrung, dass die Religionen keineswegs bewusster Erklügelung, sondern dem natürlichen Leben der unbewussten Seele entstammen und dieses irgendwie adäquat ausdrücken. Daraus nämlich erklärt sich ihre universelle Verbreitung und ihre ungeheure historische Wirkung auf die Menschheit. Eine solche Wirkung wäre unverständlich, wenn die religiösen Symbole nicht zum mindesten psychologische Naturwahrheiten wären.

Ich weiß, dass sehr viele Leute mit dem Wort »psychologisch« Schwierigkeiten haben. Zur Beruhigung dieser Kritiker füge ich deshalb bei, dass kein Mensch weiß, was »Psyche« ist, und dass man ebenso wenig anzugeben weiß, wie weit »Psyche« in der Natur reicht. Eine psychologische Wahrheit ist darum eine ebenso anständige und gute Sache wie eine physikalische Wahrheit, die sich auf den Stoff beschränkt, wie jene auf die Psyche.

Der in den Religionen sich ausdrückende consensus gentium sympathisiert, wie wir sahen, mit meiner paradoxen Formel. Es scheint also der allgemeinen Seele der Menschheit mehr zu entsprechen, wenn wir den Tod als die Sinnerfüllung des Lebens und als sein eigentlichstes Ziel betrachten anstatt als ein bloß sinnloses Aufhören. Wer also einer aufklärerischen Meinung in dieser Hinsicht huldigt, hat sich psychologisch isoliert und steht im Gegensatz zu seinem eigenen allgemeinmenschlichen Wesen.

Dieser letztere Satz enthält die Grundwahrheit aller Neurosen, denn das Wesen der nervösen Störungen besteht in letzter Linie in einer Instinktentfremdung, in einer Abspaltung des Bewusstseins von gewissen seelischen Grundtatsachen. Aufklärerische Meinungen geraten daher unversehens in die unmittelbare Nachbarschaft neurotischer Symptome. Sie sind in der Tat, wie diese, *verbogenes Denken*, das anstelle des psychologisch richtigen Denkens steht. Letzteres bleibt nämlich immer mit dem Herzen, der Tiefe der Seele, dem Stamme verbunden. Denn – Aufklärung oder nicht, Bewusstsein oder nicht – die Natur bereitet sich auf den Tod vor. Könnten wir die Gedanken eines jungen Menschen direkt beobachten und registrieren, wenn er Zeit und Muße zum Träumen hat, so würden wir neben einigen Erinnerungsbildern wohl in der Hauptsache Phantasien, die sich mit der Zukunft beschäftigen, feststellen können. Tatsächlich besteht weitaus der größte Teil der Phantasien aus Antizipationen. Die Phantasien sind daher größtenteils vorbereitende Handlungen oder gar psychische Einübungen auf gewisse zukünftige Wirklichkeiten. Könnten wir dasselbe Experiment mit einem alternden Menschen anstellen – selbstverständlich, ohne dass er es merkt –, so fänden wir natürlich wegen des Zurückschauens eine größere Anzahl von Erinnerungsbildern als beim jungen Manne, daneben aber eine überraschend große Anzahl von Antizipationen der Zukunft, einschließlich des Todes. Mit zunehmenden Jahren häufen sich sogar die Todesgedanken in erstaunlichem Maße. Der alternde Mensch bereitet sich nolens volens auf den Tod vor. Darum meine ich, dass die Natur schon selber für die Vorbereitung aufs Ende sorgt. Dabei ist es objektiv gleichgültig, was das individuelle Bewusstsein darüber denkt. Subjektiv aber bedeutet es einen gewaltigen Unterschied, ob das

Bewusstsein Schritt hält mit der Seele oder sich an Meinungen festhakt, welche das Herz nicht kennt. Denn es ist ebenso neurotisch, sich nicht auf den Tod als ein Ziel einzustellen, wie in der Jugend die Phantasien zu verdrängen, welche sich mit der Zukunft beschäftigen.

Ich habe in meiner ziemlich langen psychologischen Erfahrung eine Reihe von Beobachtungen bei Personen gemacht, deren unbewusste Seelentätigkeit ich bis in die unmittelbare Nähe des Todes verfolgen konnte. In der Regel wurde das nahende Ende mit jenen Symbolen angezeigt, mit welchen auch im normalen Leben psychologische Zustandsveränderungen angedeutet werden, nämlich Wiedergeburtssymbole wie Ortsveränderungen, Reisen und dergleichen. Die Hinweise auf den nahenden Tod habe ich mehrfach in Traumreihen bis über ein Jahr zurückverfolgen können, auch in Fällen, wo die äußere Situation keine solchen Gedanken aufkommen ließ. Das Sterben setzte also ein, lange bevor der wirkliche Tod eintrat. Übrigens zeigt sich dies auch öfters in einer eigentümlichen Charakterveränderung, die dem Tod längere Zeit vorausgehen kann. Im Ganzen war ich erstaunt, zu sehen, wie wenig Aufhebens die unbewusste Seele vom Tode macht. Demnach müsste der Tod etwas verhältnismäßig Belangloses sein, oder unsere Seele kümmert sich nicht darum, was dem Individuum zufälligerweise zustößt. Umso mehr aber scheint sich das Unbewusste dafür zu interessieren, *wie* man stirbt, nämlich, ob die Einstellung des Bewusstseins zum Sterben passt oder nicht. So musste ich zum Beispiel einmal eine zweiundsechzigjährige Frau behandeln. Sie war noch frisch und leidlich intelligent. An ihrem Können lag es nicht, dass sie ihre Träume nicht verstehen konnte. Es war leider nur zu deutlich, dass sie nicht einsehen *wollte*. Ihre Träume waren sehr klar, aber ebenso unangenehm. Sie hatte sich in den Kopf gesetzt, dass sie ihren Kindern eine tadellose Mutter sei, aber die Kinder teilten diese Ansicht gar nicht, auch die Träume vertraten eine sehr gegenteilige Überzeugung. Ich war genötigt, nach einigen Wochen fruchtloser Bemühung die Behandlung abzubrechen, da ich zum Militärdienst einrücken musste (es war während des Krieges). Unterdessen erkrankte die Patientin an einem unheilbaren Leiden, das nach einigen Monaten zu einem agonalen Zustand führte, der jeden Augenblick das Ende hätte bedeuten können. Sie befand sich die meiste Zeit in einer Art von Delir oder Somnambulismus, in welch eigentümlicher geistiger Verfassung sie die unterbrochene analytische Arbeit spontanerweise wieder aufnahm. Sie sprach wieder von ihren Träumen und gab sich selber alles zu, was sie mir früher mit größter Zähigkeit abgeleugnet hatte, und noch eine ganze Menge dazu. Diese selbstanalytische Arbeit dauerte täglich einige Stunden während circa sechs Wochen. Am Ende dieses Zeitraums hatte sie sich so beruhigt wie ein Patient in einer normalen Behandlung, und dann starb sie.

Aus dieser und einer Anzahl ähnlicher Erfahrungen muss ich also schließen, dass unserer Seele zum mindesten das Sterben des Individuums doch nicht gleichgültig ist. Der Zwang, alles Verkehrte noch richtigzustellen, der so häufig bei Sterbenden beobachtet wird, dürfte in gleiche Richtung weisen.

Wie diese Erfahrungen letztlich gedeutet werden müssten, ist ein Problem, das die Kompetenzen einer Erfahrungswissenschaft sowohl wie unsere intellektuellen Möglichkeiten überschreitet, denn zu einer Schlussfolgerung gehört notwendigerweise noch die Erfahrung des Todes. Dieses Ereignis versetzt aber den Beobachter unglücklicherweise in eine Lage, welche ihm die objektive Mitteilung seiner Erfahrung und der Schlüsse, die sich daraus ergeben, verunmöglicht.

Das Bewusstsein bewegt sich in engen Schranken, eingespannt in eine kurze Zeitstrecke zwischen Anfang und Ende, die erst noch etwa um ein Drittel durch periodischen Schlaf verkürzt wird. Das Leben des Körpers dauert etwas länger, es fängt stets früher an und hört sehr oft später auf als das Bewusstsein. Anfang und Ende sind die unvermeidlichen Aspekte aller Vorgänge. Jedoch bei näherem Zusehen fällt es ungeheuer schwer, anzugeben, wo etwas anfängt und wo etwas aufhört, denn die Ereignisse und Vorgänge, die Anfänge und Beendigungen bilden genau genommen ein nirgends teilbares Kontinuum. Wir teilen Vorgänge ab zum Zwecke der Unterscheidung und des Erkennens, im Grunde dabei wissend, dass jede Trennung arbiträr und konventionell ist. In das Kontinuum des Weltvorganges greifen wir damit nicht ein, denn »Anfang« und »Ende« sind in allererster Linie Notwendigkeiten unseres bewussten Erkenntnisprozesses. Wohl können wir mit hinlänglicher Sicherheit feststellen, dass ein individuelles Bewusstsein in Bezug auf uns selber zum Ende gekommen ist. Ob aber damit auch die Kontinuität des psychischen Vorganges unterbrochen ist, bleibt zweifelhaft, denn die Gehirnverhaftung der Psyche ist heutzutage mit weit geringerer Sicherheit zu behaupten als noch vor fünfzig Jahren. Vorerst muss die Psychologie noch gewisse parapsychologische Tatsachen verdauen, womit sie aber noch nicht einmal angefangen hat.

Es scheinen nämlich der uns unbewussten Psyche Eigenschaften zuzukommen, welche ein ganz merkwürdiges Licht auf deren Verhältnis zu Raum und Zeit werfen. Ich meine damit die räumlichen und zeitlichen telepathischen Phänomene, die bekanntlich viel leichter zu ignorieren als zu erklären sind. Die Wissenschaft hat sich's bis jetzt, bis auf wenige rühmliche Ausnahmen, in dieser Hinsicht sehr bequem gemacht. Ich muss aber gestehen, dass mir die sogenannten telepathischen Fähigkeiten der Psyche erhebliches Kopfzerbrechen verursacht haben, denn mit dem Schlagwort »Telepathie« ist noch längstens nichts erklärt. Die raumzeitliche Bewusstseinsbeschränkung ist eine dermaßen überwältigende Tatsache, dass jede Durchbrechung dieser fundamentalen Wahrheit eigentlich ein Ereignis von höchster theoretischer Bedeutung ist, denn es wäre damit erwiesen, dass die Raumzeitbeschränkung eine aufhebbare Bestimmung ist. Die aufhebende Bedingung wäre die Psyche, welcher also die Raumzeitlichkeit höchstens als relative, das heißt bedingte Eigenschaft anhaften würde. Gegebenenfalls aber könnte sie die Schranke der Raumzeitlichkeit auch durchbrechen, und zwar notwendigerweise vermöge einer ihr wesentlichen Eigenschaft relativer Raum- und Zeitlosigkeit. Diese, wie es mir scheint, sehr naheliegende Möglichkeit ist von so unabsehbarer Tragweite, dass sie den forschenden Geist zu größter Anstrengung anspornen sollte. Unsere gegenwärtige Bewusstseinsentwicklung ist aber dermaßen rückständig (Ausnahmen bestätigen die Regel!), dass es noch allgemein an wissenschaftlichem und denkerischem Rüstzeug fehlt, um die Tatsachen der Telepathie in ihrer Bedeutung für das Wesen der Psyche genügend auszuwerten. Ich habe auf diese Gruppe von Erscheinungen bloß hingewiesen, um anzudeuten, dass die Gehirnverhaftung der Psyche, das heißt ihre Raumzeitbeschränkung, doch nicht so selbstverständlich und unumstößlich ist, wie man bisher glaubte annehmen zu dürfen.

Wer auch nur über einige Kenntnisse des bereits vorhandenen und genügend gesicherten parapsychologischen Beweismaterials verfügt, weiß, dass im Besonderen die sogenannten telepathischen Erscheinungen unzweifelhafte Tatsachen sind. Eine objektive Sichtung und Kritik der vorhandenen Beobachtungen muss feststellen, dass sich Wahrnehmungen ereignen, die teils so vor sich gehen, als ob es keinen Raum, teils so, als ob es keine Zeit gäbe. Daraus lässt sich natürlich kein metaphysischer Schluss ableiten, dass es infolgedessen im An-sich der Dinge weder Raum noch Zeit gäbe, und dass daher der menschliche Geist in die Raumzeitkategorie wie in eine nebelhafte Illusion eingesponnen wäre. Vielmehr sind Raum und Zeit nicht nur unmittelbarste, naivste Gewissheit, sondern auch empirische Anschaulichkeit, indem alles und jedes Wahrnehmbare so geschieht, als ob es in Raum und Zeit sich ereignete. Angesichts dieser überwältigenden Gewissheit ist es begreiflich, dass der Verstand die größte Mühe hat, die Eigenart des telepathischen Phänomens gelten zu lassen. Wer aber den Tatsachen Gerechtigkeit widerfahren lässt, der kann nicht umhin, zuzugeben, dass die anscheinende Raumzeitlosigkeit deren eigentlichstes Wesen ausmacht. Schließlich sind naive Anschauung und unmittelbare Gewissheit streng genommen nur Beweistümer für ein psychologisches Apriori der Anschauungsform, welche schlechterdings keine andere Form zulässt. Dass unser Anschauungsvermögen ganz und gar außerstande ist, sich eine raumzeitlose Seinsform zu imaginieren, beweist letzten Endes ja keineswegs, dass eine solche an sich unmöglich sei. Und ebenso wenig daher, wie man aus der Eigenschaft einer anscheinenden Raumzeitlosigkeit auf die Tatsache der raumzeitlosen Seinsform einen absoluten Schluss ziehen darf, ist es erlaubt, aus der anscheinenden Raumzeitqualität der Wahrnehmung zu schließen, dass es keine raumzeitlose Seinsform geben könne. Der Zweifel aber an der absoluten Gültigkeit der Raumzeitanschauung ist nicht nur erlaubt, sondern in Anbetracht der derzeit vorhandenen Erfahrung sogar geboten. Die hypothetische Möglichkeit, dass die Psyche auch eine raumzeitlose Seinsform berühre, ist ein bis auf Weiteres ernst zu nehmendes wissenschaftliches Fragezeichen. Die Ideen und Zweifel der theoretischen Physik unserer Tage müssen auch den Psychologen vorsichtig stimmen, denn was heißt schließlich die »Begrenztheit des Raumes«, philosophisch genommen, anderes als eine Relativierung der Raumkategorie? Der Zeitkategorie könnte (wie der Kausalität) leicht ein Ähnliches passieren. Zweifel in dieser Hinsicht sind also in heutiger Zeit weniger als je aus der Luft gegriffen.

Das Wesen der Psyche reicht wohl in Dunkelheiten weit jenseits unserer Verstandeskategorien. Die Seele enthält so viele Rätsel wie die Welt mit ihren galaktischen Systemen, vor deren erhabenem Anblick nur ein phantasieloser Geist sein Ungenügen sich nicht zugestehen kann. Bei dieser äußersten Unsicherheit menschlicher Auffassung ist aufklärerisches Getue nicht nur lächerlich, sondern auch betrüblich geistlos. Sollte also jemand aus dem Bedürfnis seines innersten Gemütes oder aus Übereinstimmung mit uralten Weisheitslehren der Menschheit oder aus der psychologischen Tatsache des Vorkommens »telepathischer« Wahrnehmungen den Schluss ziehen, dass die Psyche zutiefst einer raumzeitlosen Seinsform teilhaftig sei und so mithin dem angehöre, was unzulänglich und symbolisch als »Ewigkeit« bezeichnet wird, so vermöchte ihm der kritische Verstand kein anderes Argument entgegenzusetzen als das wissenschaftliche »non liquet«. Er hätte überdies den nicht zu unterschätzenden Vorteil, mit einem seit unvordenklichen Zeiten bestehenden und universal verbreiteten »penchant« der menschlichen Seele übereinzustimmen. Wer diesen Schluss nicht zieht, aus Skepsis oder aus Rebellion gegen die Tradition oder aus Mangel an Mut oder aus Oberflächlichkeit psychologischer Erfahrung oder aus gedankenloser Ignoranz, hat die statistisch sehr geringe Wahrscheinlichkeit, ein Pionier des Geistes zu werden, daneben aber die unzweifelhafte Sicherheit, in Widerspruch mit den Wahrheiten seines Blutes zu geraten. Ob diese in letzter Linie nun absolute Wahrheiten sind oder nicht, werden wir nie beweisen können. Es genügt, dass sie als »penchant« vorhanden sind, und wir wissen zur Genüge, was es bedeutet, mit diesen »Wahrheiten« in einen leichtfertigen Konflikt zu geraten: es bedeutet dasselbe wie die bewusste Hinwegsetzung über die Instinkte, nämlich Entwurzelung, Desorientierung, Sinnlosigkeit, und wie alle diese Minderwertigkeitssymptome sonst noch heißen. Es ist einer der verhängnisvollsten soziologischen und psychologischen Irrtümer, an denen unsere Zeit so reich ist, dass man so häufig meint, von irgendeinem gegebenen Augenblick an könne etwas ganz anders werden, zum Beispiel könne sich der Mensch von Grund auf verändern, oder es könnte eine Formel oder Wahrheit gefunden werden, die einen ganz neuen Anfang darstelle usw. Es ist noch immer ein Wunder gewesen, wenn überhaupt etwas wesentlich anders oder sogar besser geworden ist. Das Abgleiten von den Wahrheiten des Blutes erzeugt neurotische *Rastlosigkeit*, etwas, von dem man heutzutage nachgerade genug haben könnte. Rastlosigkeit erzeugt Sinnlosigkeit, und Sinnlosigkeit des Lebens ist ein seelisches Leiden, das unsere Zeit noch nicht in seinem ganzen Umfang und in seiner ganzen Tragweite erfasst hat.

Bibliographie der genannten Werke

Verweise auf Werke C. G. Jungs beziehen sich in der Regel auf die Ausgabe »Gesammelte Werke (siehe dazu das »Verzeichnis der Gesammelten Werke von C. G. Jung«, S. 167–175) mit Bandzahl und Absatzzählung (§). Bibliographische Hinweise auf Werke C. G. Jungs, die nicht in den »Gesammelten Werken« enthalten sind, finden sich in der folgenden »Bibliographie der genannten Werke«.

Agrippa ab Nettesheym, Henricus Cornelius: De incertitudine et vanitate scientiarum declamatio invectiva. Köln 1584.

Curtius, Ernst Robert: James Joyce und sein Ulysses. Zürich 1929.

Freud, Sigmund: Eine Kindheitserinnerung des Leonardo da Vinci. Leipzig und Wien 1910.

Freud, Sigmund: Die Zukunft einer Illusion. Leipzig, Wien, Zürich 1927.

Giedion-Welcker, Carola: »Work in Progress«. Ein sprachliches Experiment von James Joyce. In: Neue Schweizer Rundschau 22/37. Zürich 1929, S. 660–671.

Gilbert, Stuart: Das Rätsel. Ulysses. Eine Studie. Übersetzung. Zürich 1932.

Goethe, Johann Wolfgang von: Faust. Erster und zweiter Teil. Vollständige Ausgabe letzter Hand. (Cotta) Stuttgart 1827–1834. Band 12 und 41.

Goethe, Johann Wolfgang von: West-östlicher Divan. In: Werke. Vollständige Ausgabe letzter Hand. (Cotta) Stuttgart 1827–1834. Band 5 und 6.

Hall, Granville Stanley: Life and Confessions of a Psychologist. New York und London 1923.

Horaz: Satiren und Episteln. Herausgegeben von Heinrich Conrad. 2 Bände. München und Leipzig 1911.

Joyce, James: Ulysses. Shakespeare and Company. 10. Auflage. Paris 1928.

Joyce, James: A Portrait of the Artist as a Young Man. London 1930.

Joyce, James: Work in Progress. In Fortsetzungen in: transition. Paris 1924 bis 1938.

Jung, Carl Gustav / Karl Kerényi: Einführung in das Wesen der Mythologie. Das göttliche Kind. Das göttliche Mädchen. Zürich 1951.

Kubin, Alfred: Die andere Seite. Ein phantastischer Roman. München 1909.

Nietzsche, Friedrich: Also sprach Zarathustra. Ein Buch für Alle und Keinen. Werke. Band 6. Leipzig 1901.

Paracelsus: Das Buch Paragranum. Herausgegeben und eingeleitet von Franz Strunz. Leipzig 1903.

Paracelsus: Sämtliche Werke. Nach der Huserschen Gesamtausgabe zum ersten Mal in neuzeitliches Deutsch übersetzt, mit erklärenden Anmerkungen von Bernhard Aschner. 4 Bände. Jena 1926–1932.

Wilhelm, Richard: Das Geheimnis der Goldenen Blüte. Ein chinesisches Lebensbuch. Mit einem europäischen Kommentar von C. G. Jung. Zürich 1938.

Quellennachweis

Die Beiträge dieses Bandes wurden erstmals unter dem Titel »Wirklichkeit der Seele. Anwendungen und Fortschritte der neueren Psychologie« (Psychologische Abhandlungen 4), Rascher, Zürich 1934, von C. G. Jung selbst zusammengestellt; Neuausgabe bei Walter, Olten 1969; 1978 als Band der »Studienausgabe« veröffentlicht. Diese Editionen beinhalten über die vorliegenden Aufsätze hinaus auch Beiträge von Hugo Rosenthal, Emma Jung und W. M. Kranefeldt, auf die in dieser Ausgabe verzichtet wurde. Der ebenfalls in Jungs Zusammenstellung enthaltene Aufsatz »Die praktische Verwendbarkeit der Traumanalyse« ist in Band 16: Praxis der Psychotherapie, §§ 294–352, der Gesammelten Werke von C. G. Jung enthalten.

Vorwort (1933): Erstmals erschienen in »Wirklichkeit der Seele« (Rascher, Zürich 1934). Das Vorwort dieser Ausgabe ist um den Teil gekürzt, in dem Jung auf die Fremdbeiträge Bezug nimmt. Der Text dieser Ausgabe folgt: Gesammelte Werke (GW), Band 18/II: Das symbolische Leben, herausgegeben von Lilly Jung-Merker, Elisabeth Rüf, Sonderausgabe, 5. Aufl., Edition C. G. Jung im Patmos Verlag, Ostfildern 2022, §§ 1727–1729.

Das Grundproblem der gegenwärtigen Psychologie (1931): Vortrag, gehalten 1931 im Kulturbund, Wien. Erschienen unter dem Titel »Die Entschleierung der Seele« in: »Europäische Revue« Nr.7 (Juli 1931). Leicht bearbeitet unter dem jetzigen Titel in: »Wirklichkeit der Seele« (Rascher, Zürich 1934). Der Text dieser Ausgabe folgt: Gesammelte Werke (GW), Band 8: Die Dynamik des Unbewußten, herausgegeben von Marianne Niehus-Jung, Lena Hurwitz-Eisner, Franz Riklin, Lilly Jung-Merker, Elisabeth Rüf, Sonderausgabe, 6. Aufl., Edition C. G. Jung im Patmos Verlag, Ostfildern 2021, §§ 649–688.

Die Bedeutung der Psychologie für die Gegenwart (1933): Vortrag, gehalten in Köln und Essen, Februar 1933. Erweiterte Fassung erschienen unter dem Titel »Über Psychologie« in: »Neue Schweizer Rundschau« Nr. 1/1 und 2 (Zürich 1933). Bearbeitet und unter dem endgültigen Titel aufgenommen in: »Wirklichkeit der Seele« (Rascher, Zürich 1934). Der Text dieser Ausgabe folgt: Gesammelte Werke (GW), Band 10: Zivilisation im Übergang, herausgegeben von Lilly Jung-Merker, Elisabeth Rüf, Sonderausgabe, 6. Aufl., Edition C. G. Jung im Patmos Verlag, Ostfildern 2021, §§ 276–332.

Paracelsus (1929): Vortrag, gehalten im Rahmen des Literarischen Clubs Zürich beim Geburtshaus von Paracelsus an der Teufelsbrücke bei Einsiedeln, Juni 1929. Veröffentlicht zuerst in: »Der Lesezirkel« Nr. 16 (Zürich, 10. September 1929), dann in »Wirklichkeit der Seele« (Rascher, Zürich 1934). Der Text dieser Ausgabe folgt: Gesammelte Werke (GW), Band 15: Über das Phänomen des Geistes in Kunst und Wissenschaft, herausgegeben von Lilly Jung-Merker, Elisabeth Rüf, Sonderausgabe, 3. Aufl., Edition C. G. Jung im Patmos Verlag, Ostfildern 2021, §§ 1–17.

Sigmund Freud als kulturhistorische Erscheinung (1932): Erstmals erschienen in: »Charakter. Eine Vierteljahresschrift für psychodiagnostische Studien und verwandte Gebiete« Nr. 1/1 (Berlin, September 1932); später in: »Wirklichkeit der Seele« (Rascher, Zürich 1934). Der Text dieser Ausgabe folgt: Gesammelte Werke (GW), Band 15: Über das Phänomen des Geistes in Kunst und Wissenschaft, herausgegeben von Lilly Jung-Merker, Elisabeth Rüf, Sonderausgabe, 3. Aufl., Edition C. G. Jung im Patmos Verlag, Ostfildern 2021, §§ 44–59.

»Ulysses«. Ein Monolog (1932): Erstmals erschienen in: »Europäische Revue« Nr. 8 (Berlin, September 1932); dann in: »Wirklichkeit der Seele« (Rascher, Zürich 1934). Der Text dieser Ausgabe folgt: Gesammelte Werke (GW), Band 15: Über das Phänomen des Geistes in Kunst und Wissenschaft, herausgegeben von Lilly Jung-Merker, Elisabeth Rüf, Sonderausgabe, 3. Aufl., Edition C. G. Jung im Patmos Verlag, Ostfildern 2021, §§ 163–203. Die Herausgeber zeichnen dort in einem Anhang auf S. 146–149 die Entstehungsgeschichte dieses Artikels nach und zitieren dabei einen Brief Jungs, den er zusammen mit einem Durchschlag seines Aufsatzes an Joyce sandte:

»Ihr ›Ulysses‹ hat die Welt mit einem so erregenden psychologischen Problem bedacht, daß ich wiederholt als angebliche Autorität in psychologischen Angelegenheiten angerufen worden bin.

›Ulysses‹ hat sich als überaus harte Nuß erwiesen und meinen Geist nicht nur zu höchst ungewöhnlichen Anstrengungen gezwungen, sondern auch zu einer eher extravaganten Wanderschaft (vom Standpunkt eines Wissenschaftlers aus betrachtet). Ihr Buch als

Ganzes war für mich eine Quelle steter Beunruhigung, und ich brütete ungefähr drei Jahre darüber, bevor ich mich hineinversetzen konnte. Ich muß Ihnen jedoch sagen, daß ich sowohl Ihnen als auch Ihrem gigantischen Werk zutiefst dankbar bin, weil ich sehr viel davon lernte. Ich werde vermutlich nie sagen können, ob ich es eigentlich genoß, denn es war allzu nerven- und gehirnaufreibend. Ebensowenig weiß ich, ob Sie Ihrerseits goutieren werden, was ich über ›Ulysses‹ geschrieben habe, da ich nicht umhin konnte, der Welt mitzuteilen, wie sehr er mich langweilte, wie ich murrte, wie ich fluchte und wie ich bewunderte. Die 40 Seiten im Non-stop am Schluß stellen eine Schnur wahrer psychologischer Perlen dar. Ich nehme an, des Teufels Großmutter verstehe so viel von der wirklichen Psychologie der Frau, ich jedenfalls bisher nicht.

Nun, ich versuche Ihnen meinen kleinen Aufsatz einfach zu empfehlen, als die komische Bemühung eines völligen Außenseiters, der sich im Labyrinth Ihres ›Ulysses‹ verirrte und ihm nur zufällig und mit knapper Not wieder entrann. Auf jeden Fall können Sie aus meinem Artikel ersehen, was ›Ulysses‹ einem als ausgeglichen geltenden Psychologen angetan hat.

Mit dem Ausdruck meiner tiefsten Wertschätzung verbleibe ich, sehr geehrter Herr Joyce, Ihr ergebener

C. G. Jung.«

Picasso (1932): Anlässlich einer Picasso-Ausstellung in Zürich. erstmals erschienen in: »Neue Zürcher Zeitung« Nr. 153/2 (13. November 1982). Neuausgabe in: »Wirklichkeit der Seele« (Rascher, Zürich 1934). Der Text dieser Ausgabe folgt: Gesammelte Werke (GW), Band 15: Über das Phänomen des Geistes in Kunst und Wissenschaft, herausgegeben von Lilly Jung-Merker, Elisabeth Rüf, Sonderausgabe, 3. Aufl., Edition C. G. Jung im Patmos Verlag, Ostfildern 2021, §§ 204–214.

Vom Werden der Persönlichkeit (1932): Vortrag, gehalten unter dem Titel »Die Stimme des Innern« im Kulturbund, Wien, November 1932; erschienen unter dem endgültigen Titel in: »Wirklichkeit der Seele« (Rascher, Zürich 1934). Der Text dieser Ausgabe folgt: Gesammelte Werke (GW), Band 17: Über die Entwicklung der Persönlichkeit, herausgegeben von Lilly Jung-Merker, Elisabeth Rüf, Sonderausgabe, 6. Aufl., Edition C. G. Jung im Patmos Verlag, Ostfildern 2021; §§ 284–323.

Seele und Tod (1934): Erschienen in »Europäische Revue« Nr. 10/4 (Berlin 1934); ferner in: »Wirklichkeit der Seele« (Rascher, Zürich

1934). Der Text dieser Ausgabe folgt: Gesammelte Werke (GW), Band 8: Die Dynamik des Unbewußten, herausgegeben von Marianne Niehus-Jung, Lena Hurwitz-Eisner, Franz Riklin, Lilly Jung-Merker, Elisabeth Rüf, Sonderausgabe, 6. Aufl., Edition C. G. Jung im Patmos Verlag, Ostfildern 2021, §§ 796–815.

Verzeichnis der Gesammelten Werke von C. G. Jung

In Klammern angegeben ist jeweils die Jahreszahl der ersten Auflage der deutschen gebundenen Ausgabe eines Einzelbands der Gesammelten Werke (GW) bzw. das Jahr der Erstveröffentlichung einer Schrift. Die Erscheinungsjahre etwaiger Neuausgaben von Bänden oder revidierter Fassungen von Schriften sind nicht berücksichtigt.

Gebundene Bände, die vor 1971 veröffentlicht wurden, sind im Rascher Verlag, Zürich, erschienen, alle gebundenen Bände nach 1971 im Walter Verlag, Olten und Düsseldorf. Die zuletzt erschienene broschierte Ausgabe der Gesammelten Werke wurde 2011ff. in der Edition C. G. Jung im Patmos Verlag, Ostfildern, veröffentlicht.

1. Band (1966)
Psychiatrische Studien

Zur Psychologie und Pathologie sogenannter okkulter Phänomene (1902)
Über hysterisches Verlesen (1904)
Kryptomnesie (1905)
Über manische Verstimmung (1903)
Ein Fall von hysterischem Stupor bei einer Untersuchungsgefangenen (1902)
Über Simulation von Geistesstörung (1903)
Ärztliches Gutachten über einen Fall von Simulation geistiger Störung (1904)
Obergutachten über zwei widersprechende psychiatrische Gutachten (1906)
Zur psychologischen Tatbestandsdiagnostik (1905)

2. Band (1979)
Experimentelle Untersuchungen

Experimentelle Untersuchungen über die Assoziationen Gesunder (Mit Franz Riklin) (1904)
Analyse der Assoziationen eines Epileptikers (1905)

Über das Verhalten der Reaktionszeit beim Assoziationsexperimente (1905)
Experimentelle Beobachtungen über das Erinnerungsvermögen (1905)
Psychoanalyse und Assoziationsexperiment (1905)
Die psychologische Diagnose des Tatbestandes (1905)
Assoziation, Traum und hysterisches Symptom (1906)
Die psychopathologische Bedeutung des Assoziationsexperimentes (1906)
Über die Reproduktionsstörungen beim Assoziationsexperiment (1907)
Die Assoziationsmethode (1910)
Die familiäre Konstellation (1910)
Über die psychophysischen Begleiterscheinungen im Assoziationsexperiment (1907)
Psychophysische Untersuchungen mit dem Galvanometer und dem Pneumographen bei Normalen und Geisteskranken (Mit Frederick Peterson) (1907)
Weitere Untersuchungen über das galvanische Phänomen, Pneumographen und die Respiration bei Normalen und Geisteskranken (Jung und Ricksher) (1907)
Statistisches von der Rekrutenaushebung (1906)
Neue Aspekte der Kriminalpsychologie (1908)
Die an der psychiatrischen Klinik in Zürich gebräuchlichen psychologischen Untersuchungsmethoden (1910)
Ein kurzer Überblick über die Komplexlehre (1911)
Zur psychologischen Tatbestandsdiagnostik (1937)

3. Band (1968)
Psychogenese der Geisteskrankheiten
Über die Psychologie der Dementia praecox (1907)
Der Inhalt der Psychose (1908)
Kritik über E. Bleuler: Zur Theorie des schizophrenen Negativismus (1911)
Über die Bedeutung des Unbewußten in der Psychopathologie (1914)
Über das Problem der Psychogenese bei Geisteskrankheiten (1919)
Geisteskrankheit und Seele (1928)
Über die Psychogenese der Schizophrenie (1939)
Neuere Betrachtungen der Schizophrenie (1956)
Die Schizophrenie (1958)

4. Band (1969)
Freud und die Psychoanalyse
Die Hysterielehre Freuds (1906)
Die Freudsche Hysterietheorie (1908)
Die Traumanalyse (1909)
Ein Beitrag zur Psychologie des Gerüchtes (1910)
Ein Beitrag zur Kenntnis des Zahlentraumes (1910)
Morton Prince »The Mechanism and Interpretation of Dreams« (1911)
Zur Kritik über Psychoanalyse (1910)
Zur Psychoanalyse (1912)
Versuch einer Darstellung der psychoanalytischen Theorie (1913)
Allgemeine Aspekte der Psychoanalyse (1913)
Über Psychoanalyse (1916)
Psychotherapeutische Zeitfragen (Briefwechsel mit R. Loy) (1914)
Vorreden zu »Collected Papers on Analytical Psychology« (1916)
Die Bedeutung des Vaters für das Schicksal des Einzelnen (1909)
Einführung zu W. M. Kranefeldt »Die Psychoanalyse« (1930)
Der Gegensatz Freud und Jung (1929)

5. Band (1973)
Symbole der Wandlung (1952)
(Neubearbeitung von »Wandlungen und Symbole der Libido«, 1912)

1. Teil:
Einleitung
Über die zwei Arten des Denkens
Vorgeschichte
Der Schöpferhymnus
Das Lied von der Motte

2. Teil:
Einleitung
Über den Begriff der Libido
Die Wandlung der Libido
Die Entstehung des Heros
Symbole der Mutter und der Wiedergeburt
Der Kampf um die Befreiung von der Mutter
Das Opfer
Schlußwort
Anhang: Die Millerschen Phantasien

6. Band (1960)
Psychologische Typen (1921)
Einleitung
Das Typenproblem in der antiken und mittelalterlichen Geistesgeschichte
Über Schillers Ideen zum Typenproblem
Das Apollinische und das Dionysische
Das Typenproblem in der Menschenkenntnis
Das Typenproblem in der Dichtkunst
Das Typenproblem in der Psychopathologie
Das Problem der typischen Einstellung in der Ästhetik
Das Typenproblem in der modernen Philosophie
Das Typenproblem in der Biographik
Allgemeine Beschreibung der Typen
Definitionen
Schlußwort
Anhang – vier Arbeiten über Psychologische Typologie:
Zur Frage der psychologischen Typen (1913)
Psychologische Typen (1925)
Psychologische Typologie (1928)
Psychologische Typologie (1936)

7. Band (1964)
Zwei Schriften über Analytische Psychologie
Über die Psychologie des Unbewußten (1943)
Die Beziehungen zwischen dem Ich und dem Unbewußten (1928)
Anhang:
Neue Bahnen der Psychologie (1912)
Die Struktur des Unbewußten (1916)

8. Band (1967)
Die Dynamik des Unbewußten
Über die Energetik der Seele (1928)
Die transzendente Funktion (1916)
Allgemeines zur Komplextheorie (1934)
Die Bedeutung von Konstitution und Vererbung für die Psychologie (1929)
Psychologische Determinanten des menschlichen Verhaltens (1936)
Instinkt und Unbewußtes (1928)
Die Struktur der Seele (1928)

Theoretische Überlegungen zum Wesen des Psychischen (1947)
Allgemeine Gesichtspunkte zur Psychologie des Traumes (1928)
Vom Wesen der Träume (1945)
Die psychologischen Grundlagen des Geisterglaubens (1928)
Geist und Leben (1926)
Das Grundproblem der gegenwärtigen Psychologie (1931)
Analytische Psychologie und Weltanschauung (1931)
Wirklichkeit und Überwirklichkeit (1933)
Die Lebenswende (1931)
Seele und Tod (1934)
Synchronizität als ein Prinzip akausaler Zusammenhänge (1952)
Über Synchronizität (1952)

9/I. Band (1976)
Die Archetypen und das kollektive Unbewußte
Über die Archetypen des kollektiven Unbewußten (1935)
Der Begriff des kollektiven Unbewußten (1936)
Über den Archetypus mit besonderer Berücksichtigung des Animabegriffes (1936)
Die psychologischen Aspekte des Mutterarchetypus (1939)
Über Wiedergeburt (1940)
Zur Psychologie des Kindarchetypus (1940)
Zum psychologischen Aspekt der Korefigur (1941)
Zur Phänomenologie des Geistes im Märchen (1946)
Zur Psychologie der Tricksterfigur (1954)
Bewußtsein, Unbewußtes und Individuation (1939)
Zur Empirie des Individuationsprozesses (1934)
Über Mandalasymbolik (1938)
Mandalas (1955)

9/II. Band (1976)
Aion. Beiträge zur Symbolik des Selbst (1951)
Das Ich
Der Schatten
Die Syzygie: Anima und Animus
Das Selbst
Christus, ein Symbol des Selbst
Das Zeichen der Fische
Die Prophezeiung des Nostradamus
Über die geschichtliche Bedeutung des Fisches

Die Ambivalenz des Fischsymbols
Der Fisch in der Alchemie
Die alchemistische Deutung des Fisches
Allgemeines zur Psychologie der christlich-alchemistischen Symbolik
Gnostische Symbole des Selbst
Die Struktur und Dynamik des Selbst
Schlußwort

10. Band (1974)
Zivilisation im Übergang

Über das Unbewußte (1918)
Seele und Erde (1931)
Der archaische Mensch (1931)
Das Seelenproblem des modernen Menschen (1928)
Das Liebesproblem des Studenten (1928)
Die Frau in Europa (1927)
Die Bedeutung der Psychologie für die Gegenwart (1934)
Zur gegenwärtigen Lage der Psychotherapie (1934)
Vorwort zu »Aufsätze zur Zeitgeschichte« (1946)
Wotan (1936)
Nach der Katastrophe (1945)
Der Kampf mit dem Schatten (1946)
Nachwort zu »Aufsätze zur Zeitgeschichte« (1946)
Gegenwart und Zukunft (1957)
Ein moderner Mythus: Von Dingen, die am Himmel gesehen werden (1958)
Das Gewissen in psychologischer Sicht (1958)
Gut und Böse in der analytischen Psychologie (1959)
Vorrede zu: Toni Wolff »Studien zu C. G. Jungs Psychologie« (1959)
Die Bedeutung der schweizerischen Linie im Spektrum Europas (1928)
Der Aufgang einer neuen Welt (1930)
Ein neues Buch von Keyserling »La Révolution mondiale et la responsabilité de l'esprit« (1934)
Komplikationen der amerikanischen Psychologie (1930)
Die träumende Welt Indiens (1939)
Was Indien uns lehren kann (1939)
Verschiedenes (Neun kurze Beiträge 1933–1938)

11. Band (1963)
Zur Psychologie westlicher und östlicher Religion
Psychologie und Religion (1940)
Versuch einer psychologischen Deutung des Trinitätsdogmas (1942)
Das Wandlungssymbol in der Messe (1942)
Geleitwort zu Victor White: Gott und das Unbewußte (1952)
Vorrede zu Zwi Werblowsky: Lucifer und Prometheus (1952)
Bruder Klaus (1933)
Über die Beziehung der Psychotherapie zur Seelsorge (1932)
Psychoanalyse und Seelsorge (1928)
Antwort auf Hiob (1952)
Psychologischer Kommentar zu: Das tibetische Buch der großen Befreiung (1939)
Psychologischer Kommentar zum Bardo Thödol (1935)
Yoga und der Westen (1936)
Vorwort zu Daisetz Teitaro Suzuki: Die große Befreiung (1939)
Zur Psychologie östlicher Meditation (1943)
Über den indischen Heiligen. Einführung zu Heinrich Zimmer: Der Weg zum Selbst (1944)
Vorwort zum I Ging (1950)

12. Band (1972)
Psychologie und Alchemie (1944)
Vorwort [undatiert] zur 2. englischen Auflage von 1967
Einleitung in die religionspsychologische Problematik der Alchemie (1943)
Traumsymbole des Individuationsprozesses (1936)
Die Erlösungsvorstellungen in der Alchemie (1937)
Epilog

13. Band (1978)
Studien über alchemistische Vorstellungen
Kommentar zu »Das Geheimnis der goldenen Blüte« (1929)
Der Geist Mercurius (1943)
Die Visionen des Zosimos (1938)
Paracelsus als geistige Erscheinung (1942)
Der philosophische Baum (1945)

14/I. Band (1968)
Mysterium Coniunctionis (1955)
Die Komponenten der Coniunctio
Die Paradoxa
Die Personifikationen der Gegensätze

14/II. Band (1968)
Mysterium Coniunctionis (1956)
Rex und Regina
Adam und Eva
Die Konjunktion

14/III. Band (1973)
Mysterium Coniunctionis, Ergänzungsband
(Herausgegeben und kommentiert von Marie-Louise von Franz)
Aurora Consurgens

15. Band (1971)
Über das Phänomen des Geistes in Kunst und Wissenschaft
Paracelsus (1929)
Paracelsus als Arzt (1941)
Sigmund Freud als kulturhistorische Erscheinung (1932)
Sigmund Freud (1939)
Zum Gedächtnis Richard Wilhelms (1930)
Über die Beziehung der Analytischen Psychologie zum dichterischen Kunstwerk (1922)
Psychologie und Dichtung (1930)
»Ulysses« (1932)
Picasso (1932)

16. Band (1958)
Praxis der Psychotherapie
Grundsätzliches zur praktischen Psychotherapie (1935)
Was ist Psychotherapie? (1935)
Einige Aspekte der modernen Psychotherapie (1930)
Ziele der Psychotherapie (1929)
Die Probleme der modernen Psychotherapie (1929)
Psychotherapie und Weltanschauung (1943)
Medizin und Psychotherapie (1945)
Die Psychotherapie in der Gegenwart (1945)

Grundfragen der Psychotherapie (1951)
Der therapeutische Weg des Abreagierens (1921)
Die praktische Verwendbarkeit der Traumanalyse (1934)
Die Psychologie der Übertragung (1946)

17. Band (1972)
Über die Entwicklung der Persönlichkeit
Über Konflikte der kindlichen Seele (1910)
Einführung zu Frances G. Wickes »Analyse der Kinderseele« (1931)
Die Bedeutung der Analytischen Psychologie für die Erziehung (1923)
Analytische Psychologie und Erziehung (1926)
Der Begabte (1943)
Die Bedeutung des Unbewußten für die individuelle Erziehung (1928)
Vom Werden der Persönlichkeit (1934)
Die Ehe als psychologische Beziehung (1925)

18/I. Band (1981)
Das symbolische Leben
Über Grundlagen der analytischen Psychologie (1935)
Symbole und Traumdeutung (1961)
Das symbolische Leben (1939)
Ergänzungen zu GW 1, 3, 4

18/II. Band (1981)
Das symbolische Leben
Ergänzungen zu GW 5, 7–17

19. Band (1983)
Bibliographie
Die veröffentlichten Schriften von C. G. Jung (Originalwerke und Übersetzungen)
Die Gesammelten Werke von C. G. Jung
Die Seminare von C. G. Jung

20. Band (1995)
Gesamtregister

Namensregister